COMPÓRTATE
COMO UN
ANIMAL

Nicolás Reyes

VUCAA Leadership

COMPÓRTATE COMO UN ANIMAL

Cómo destacarse en la jungla de la vida y dentro de las organizaciones

conecta

Compórtate como un animal
Cómo destacarse en la jungla de la vida y dentro de las organizaciones

Primera edición en Colombia: enero, 2020
Primera edición en México: marzo, 2022

D. R. © 2020, Nicolás Reyes

D. R. © 2020, de la presente edición en castellano para todo el mundo:
Penguin Random House Grupo Editorial, S. A. S.
Carrera 7 N.° 75-51, piso 7, Bogotá – Colombia
PBX: (57-1) 743-0700

D. R. © 2022, derechos de edición mundiales en lengua castellana:
Penguin Random House Grupo Editorial, S. A. de C. V.
Blvd. Miguel de Cervantes Saavedra núm. 301, 1er piso,
colonia Granada, alcaldía Miguel Hidalgo, C. P. 11520,
Ciudad de México

penguinlibros.com

ISBN: 978-607-319-516-4

Impreso en México – *Printed in Mexico*

A Cris, por haber aceptado el 1% de lo que soy
por encima del 99% de lo que no soy.
¿Acaso no es esta la expresión más pura del verdadero amor?

Contenido

Hacerte seleccionable

¿Por qué cuando niños soñamos con ser adultos y los adultos todos los días quieren volver a ser niños? Llevo muchos años tratando de respondérmelo. Pienso que es porque cuando eres niño crees que cuando seas grande vas a ser libre, entonces podrás hacer lo que quieras y tendrás muchas opciones y oportunidades para alcanzar lo que te propongas. Pero cuando llegas a ser adulto, descubres que no eres tan libre; por el contrario, te vuelves prisionero de muchas cosas, descubres lo compleja que es la vida, lo difícil que es lograr lo que aspiras y lo retador que es hacerte seleccionable. Y es en ese momento cuando quieres volver a ser niño para tener una vida menos exigente, más simple; esa que vivías en verdadera libertad.

Te preguntarás: ¿qué quiere decir eso de "hacerse seleccionable"? Cuando llegas a la edad adulta, descubres que eres uno más entre la manada, y que si no te destacas nadie se va a fijar en ti. Entonces, no te van a seleccionar, y si no te seleccionan la vida se hará cada vez más compleja.

La analogía que mejor explica esto es la del pavo real. ¿Has observado la belleza y el esplendor de un ave tan majestuosa como esta? ¿Cómo crees que surgió semejante hermosura? "Tal vez alguien lo pintó con un pincel" puede ser una de las explicaciones que surjan en nuestra mente al tratar de entender lo que parece inexplicable. Pero no es así.

La verdadera explicación es que los pavos reales han llegado a ser lo que son gracias a que, generación tras generación, los mejores han sido seleccionados. Así que a los pavos reales nadie los pintó: llegaron a producir semejante esplendor porque son seleccionados con base en su belleza.

El mecanismo de selección sexual y selección natural, tratado y desarrollado inicialmente por Charles Darwin, da cuenta de cómo la naturaleza es capaz de "producir" animales tan extraordinarios como el pavo real, tan fuertes como el rinoceronte, tan ágiles como el guepardo o tan feroces como el león. Como lo explica la página web especializada *Pavorealpedia.com*:

> *La selección sexual es la capacidad que tienen los organismos masculinos y femeninos para ejercer fuerzas selectivas sobre los demás con respecto a la actividad de apareamiento. El portador de características más fuertes, dependiendo de la especie y según la teoría de Darwin, saldrá ineludiblemente beneficiado de este proceso natural. El éxito reproductivo de la pava y la probabilidad de supervivencia de sus polluelos se debe, en parte, al genotipo de la pareja, el cual se refleja en el éxito de su cortejo nupcial, donde luce los deslumbrantes colores de su cola.*

Por su parte, el estadístico y biólogo Ronald Fisher, dando sustento y seguimiento a la teoría de Darwin, desarrolló la teoría de selección sexual *runaway*, en la cual, entre otros aspectos, concluyó que los pavos reales se seleccionan con base en la ornamentación de su plumaje. La BBC, en el artículo "La supervivencia del más bonito", soporta esta teoría de que los pavos utilizan su gran plumaje para hacerse seleccionables frente a sus competidores, y así reproducirse, transmitiendo de esta forma sus genes generación tras generación.

¿Pero esto qué tiene que ver con ser adulto y descubrir lo compleja que es la vida y lo difícil que va a ser lograr lo que aspiramos? Pues que una de las cosas más retadoras y complejas en la vida es hacerte seleccionable en cada etapa, en cada instante y en cada escenario que vas a afrontar durante tu vida. En tu universidad, en tu trabajo, en tu hogar, en tu familia y en las comunidades en que participes, debes brillar y producir esplendor para que te seleccionen y te den oportunidades; para que puedas participar en iniciativas relevantes para la sociedad y puedas liderar grandes ideas y proyectos de la humanidad, los cuales serán tu forma de reproducirte, perpetuarte y dejar huella.

Lo mismo pasa con las organizaciones. Aquellas que van perdiendo su esplendor comienzan a pasar desapercibidas ante sus clientes, audiencias y públicos objetivos. Ellos no las ven, porque se parecen a todas las demás, no se destacan por ninguna razón; entonces, a la hora de escoger, sus clientes objetivos y audiencias no las tienen en cuenta. De esta manera comienza la lenta desaparición de esas organizaciones. Porque es así de simple: las organizaciones desaparecen porque los clientes dejaron de seleccionar sus productos entre todas las ofertas o porque sus públicos objetivos dejaron de apoyarlos ante la falta de brillo de su propuesta de valor.

Cuando la vida te empieza a pasar por el frente, como una película, y te das cuenta de que no te seleccionan o de que no seleccionan a la organización en donde trabajas, comienzas a sentir lo difícil que es crecer, lo retadores que son la vida adulta y el mundo corporativo. Entiendes que no defines los escenarios en donde te escogen y, por lo tanto, que no eres el ser humano libre o la organización que selecciona el destino que has soñado.

Las preguntas claves son, entonces: ¿Cómo hago para hacerme seleccionable en mi vida? ¿Cómo hacen las organizaciones para que las escojan entre todas las ofertas disponibles en esa jungla llamada "mercado"?

Esta obra se trata de la teoría que he construido sobre cómo hacerse seleccionable. Yo creo que, para ser escogidas de forma permanente, las personas y las organizaciones deben tener cuatro grandes impulsores. Primero, mantener una visión memorable. Segundo, ser capaz de reinventarse en el éxito. Tercero, descubrir la magia que hay en los otros. Y, por último, darle un profundo sentido a la vida.

En estas páginas y en mi conferencia, que se llama igual que este libro, me he dedicado a profundizar en el entendimiento de estos cuatro impulsores, a través de la magia de fábulas, metáforas y analogías basadas en el reino animal, que permiten entender a profundidad las habilidades, capacidades y comportamientos que tienen, viven y experimentan las personas y organizaciones que se hacen seleccionables.

Estas, de manera consciente, han centrado su desarrollo y crecimiento en estos cuatro impulsores.

Aunque te identificarás más con uno de estos impulsores, con una capacidad o habilidad, o con una historia, pretendo al final invitarte a hacer una reflexión que te permita llegar a ser un buen ser humano, un mejor miembro de familia, un gran profesional o un excelente miembro de equipo. Que te permita hacerte seleccionable.

Sé que cuesta asumir y entender esta idea de que debemos estar sacando todo el tiempo nuestro plumaje para mostrarnos, para exhibirnos, para que se fijen en nosotros. Pero es el juego ineludible de la vida, que sería diferente si los recursos y oportunidades fueran ilimitados. Lamentablemente, debemos aceptar el hecho brutal de que no es así. La vida, la sociedad y el mundo organizacional son cada vez más complejos y debes estar listo para competir y asegurarte de que te vean dentro de la manada y te seleccionen para darte una oportunidad.

Un día, en una tarea del colegio, nuestra hija manifestó su angustia por no tener claro qué era lo que la hacía especial y única entre sus amigas y familiares. Ese instante trascendental ocurrió cuando nos compartió una historia que debía presentar en su colegio, narrada con imágenes, tal y como si fuera un libro animado. Recuerdo con precisión que comenzó a mostrarnos su minilibro animado con la imagen de cinco osos totalmente blancos. Y entonces nos relató que el propósito de esos osos era encontrar un color a lo largo de sus vidas. En la segunda página aparecieron todos los osos con diferentes colores, excepto una de las osas hijas, que continuaba siendo totalmente blanca. Entonces, nuestra hija dijo:

—Papá oso, con el tiempo, encontró su color azul en su capacidad de inspirar a los demás con sus palabras; mamá oso encontró su color naranja en el placer de ayudar a los demás a ver [Cris, mi esposa, es oftalmóloga]; una de las osas hijas encontró su color rosado en el baile y su capacidad artística, y el oso menor encontró su color verde en la capacidad de hacer reír a los demás en cualquier momento. Pero la osa de la mitad continúa blanca porque no ha encontrado su verdadero color.

Luego, nuestra hija dijo esas palabras que aún retumban en mi mente:

—Solo me falta una hoja, el final, y es en lo que necesito ayuda, porque realmente no sé cómo va a terminar esta historia.

Imagínate lo que puede sentir uno como padre cuando ve que uno de sus hijos le dice a través de una historia que no se siente nada ni nadie, y que le angustia cómo va a terminar ese sentimiento en su vida.

En ese inolvidable y difícil momento está inspirada otra de mis obras, "Las lecciones de los amigos del alma", que trata justo acerca de esa angustia que nos produce tener que destacarnos constantemente entre los demás. Esta conferencia —que pronto será también un libro— narra cómo llevamos a nuestra hija, a través de historias, analogías y profundas conversaciones, a concluir que encontrar su color no podía ser su único motivo de vida, y mucho menos producirle tanta ansiedad y angustia.

A eso hemos llevado nosotros los adultos a las mentes jóvenes. Hemos infundido en los niños una profunda ansiedad por lograr y ser alguien desde muy temprana edad. Quizá a nosotros nos pasó lo mismo cuando pequeños, y de hecho es la mayor angustia que podemos sentir como profesionales. Mi propuesta es que a medida que encuentres tu propio color, que te hace único y especial, y te permita destacarte entre los demás, debes hacer algo que te va a dar una profunda tranquilidad, y es disfrutar los colores de la vida que te rodean. Y así, con el tiempo, si tienes la intención, encontrarás tu propio color, ese que te hará seleccionable ante los demás.

Este libro trata acerca de la importancia de hacerte seleccionable, de encontrar tu color, ese que te hace único y especial. A través de los cuatro impulsores propuestos y la magia de las fábulas, analogías y metáforas, descubrirás el valor de saberte transformar como la oruga, de tener constancia y persistencia como el salmón, y de confiar en ti mismo como un águila para poder alcanzar tu visión memorable. Entenderás, entre otras cosas, la importancia de identificar esa vaca que te tiene en una zona de confort para deshacerte de ella; de adaptarte al entorno, como lo hace el camaleón, y lo crítico que es poner un tiburón en la piscina de la vida para movilizar la reinvención en el éxito.

En esta páginas también aprenderás lo valioso que es volar en familia, como los gansos salvajes; de ser diverso de pensamiento para poder ver todo el elefante y no solo sus partes; y lo importante que es no brillar solo, como la luciérnaga, sino arrojar luz con y sobre los demás, para descubrir la magia que hay en los otros, esos que te ayudarán a alcanzar tu visión. Al final, concluirás que no hay propósito superior sin pasión, como la del panda; que si no eres íntegro, al contrario del ratón, no encontrarás tu esencia, como la que tiene el conejo de Pascua. Estas y otras historias te brindarán algunas herramientas para hacerte seleccionable en ese entorno complejo, selvático, agreste y competido llamado "vida".

Mi propósito no es fijar una posición ni entregar una fórmula mágica: lo importante es tu decisión sobre cómo vivir el proceso de búsqueda de esa esencia y ese color que te harán seleccionable. Debes ser capaz de disfrutar el camino, debes gozarte el color de los demás y debes percibir y deleitarte con las tonalidades del entorno, para que en este trascurrir descubras que, aunque el camino de la vida es retador, el paisaje siempre será genial.

La visión memorable

Debes tener una visión grande, robusta, poderosa y exigente. Las personas y organizaciones que brillan, que producen esplendor y se hacen seleccionables no se dan el lujo de tener una visión que esté por debajo de estos estándares.

La primera salvedad importante que debemos hacer a la hora de hablar de visión es que debe estar clara la distinción entre la *visión* y la *misión*. La primera responde a la pregunta "¿A dónde quiero llegar, qué es lo que quiero lograr?" y está íntimamente relacionada con las palabras objetivos, sueños y metas. En resumen, podríamos decir que la visión responde a la pregunta "¿Qué?". La misión, en cambio, es por completo diferente, pues responde a las preguntas: "¿Cómo?", "¿Dedicándome a qué?", "¿Haciendo qué o a través de qué?". Está ligada al propósito o sentido de lo que hacemos o de aquello a lo que nos dedicamos en nuestra organización o en nuestra vida. En resumen, la misión responde a la pregunta: "¿Para qué?".

He acompañado a varias organizaciones en procesos de planeación estratégica y la clara definición de estos dos elementos es la pieza clave para que una organización sea exitosa y trascienda. En estos procesos utilizo regularmente dos ejemplos magistrales de lo que es una clara definición de la visión y la misión.

El primero de ellos proviene de mi *alma mater*, Microsoft, el lugar donde formé mi carácter laboral y mi estilo de liderazgo, y donde forjé la templanza con la que hoy afronto mi vida personal. Bill Gates, a muy temprana edad, definió claramente el objetivo, la meta y la visión de Microsoft: "Poner un computador en cada escritorio del mundo". Con esto se refiere a lo que quería lograr, pero la gran pregunta que surge, entonces, es: ¿Para qué? Hay múltiples respuestas, como para ser la persona más rica del mundo, para que la organización fuera reconocida como la más innovadora, para ser los líderes del mercado, entre otras. Con el tiempo, Microsoft maduró su "para qué" y hoy en día este se define como: "Para realizar el potencial de la humanidad". Así, podría decirse que Microsoft quiso poner un PC en cada escritorio del mundo para poder realizar el potencial de cada ser humano. Tremenda fórmula. Poderosa, ambiciosa, trascendental y, como vamos a ver más adelante, tiene muchas posibilidades, requiere mucho tiempo, es exigente y caben millones de personas en ella. Esto es lo que tienen las visiones memorables.

El segundo ejemplo proviene de una de las compañías que más admiro, Starbucks. Su visión, lo que quieren lograr, a dónde quieren llegar, es a "ser el tercer hogar". Tamaño de pretensión. Aunque esta visión evolucionó con el tiempo a "ser el tercer espacio", en esencia habla de que todo ser humano tiene en general dos espacios, su casa y su trabajo. Bien, ellos quieren ser esa tercera opción: que cuando no quieras estar en tu casa o en tu trabajo, quieras estar en Starbucks. Hay múltiples formas de lograrlo, pero ellos definieron que lo querían hacer para "nutrir e inspirar el espíritu humano…". Ese es su propósito, su "para qué". Así que Starbucks tiene definido con claridad su qué y su para qué como ser ese tercer espacio (visión) donde las personas nutran e inspiren su espíritu (misión). En lo personal, es una de las definiciones estratégicas que más admiro, porque le ha permitido a esta gran organización vender un producto completamente "comodotizado", como es el café, entre seis a ocho veces más por encima del precio de la media del mercado. Tremenda fórmula de negocio.

Estos dos ejemplos nos permiten entender la meridiana distinción entre la visión y la misión de una organización. Por diferentes metodologías, culturas o criterios, las organizaciones y las personas llaman la visión de diferentes maneras, como la "Mega", "el propósito superior", el "objetivo", la "meta", la "ambición y el "sueño", entre otras. Sin querer pecar de simplista, considero que todas ellas responden a las dos grandes preguntas mencionadas: "¿Qué?" y "¿Para qué?". Así que vamos a concentrarnos en el "qué", la visión, y a sumergirnos en la importancia de que esta sea memorable, para que tú o tu organización se hagan seleccionables.

Cuando observas a tu alrededor, todas las organizaciones y personas que se destacan, sin excepción, tienen clara la meta a la cual quieren llegar. Pero ese objetivo, además de estar bien definido, se caracteriza por ser memorable. Una visión memorable duele, tiene espacio para muchos, viene en talla grande, hay diversas opciones para alcanzarla, requiere bastante tiempo, exige enfoque y persistencia, requiere resiliencia y va a demandar una dosis importante de autoconfianza.

Una visión memorable duele cuando te preguntas si siendo lo que eres lo vas a lograr, y te das cuenta de que es absolutamente imposible. Así que la primera característica de una visión memorable es que exige tu transformación, como la oruga que se convierte en mariposa.

En una visión memorable caben muchas personas y organizaciones. Una en la cual solo quepas tú no trascenderá más que en ti y probablemente en el pequeño círculo que te rodea. Las que son memorables, en cambio, son grandes y por lo tanto acogen a muchas personas, entidades, organizaciones y comunidades. Así, crean un impacto masivo que te permitirá producir un esplendor y un brillo lo suficientemente grandes para que seas seleccionado entre la manada.

Las visiones memorables vienen en tallas grandes y, por lo tanto, cumplirlas requerirá tiempo, esfuerzo y recursos. Las visiones que, por el contrario, se alcanzan rápida y fácilmente, no tardan en ponernos en esa peligrosa posición para cualquier persona u organización que es estar en la zona de confort. Cuando alcanzamos fácil nuestros objetivos, sentimos que hemos cumplido con nuestro deber, entonces dejamos de insistir en esa visión, entrando en lo que he llamado "la zona cómoda del deber cumplido". Esta no es más que esa zona en la cual ya no hacemos nada, porque ya hemos alcanzado lo que nos habíamos propuesto. Las visiones memorables jamás nos permitirán entrar en esta zona, porque nos estarán retando todo el tiempo y tomará mucho tiempo alcanzarlas.

Una visión memorable te va a exigir mantenerte enfocado en ella, no vas a poder quitarle la mirada por un instante, no te va a permitir distraerte con elementos que no aporten a su logro. Como el gato que está al asecho del ratón: si se da el lujo de quitarle un segundo la mirada a su presa, se le escapará.

Las visiones memorables exigen persistencia, porque lograrlas toma tiempo, son muy amplias y existen varios caminos para llegar a ellas. Siempre encontrarás barreras y obstáculos en el camino que te van a desanimar, y como el salmón, vas a tener que persistir para garantizar tu supervivencia.

En su búsqueda, vivirás momentos muy retadores, que te van a descontrolar y sumergir en estados de ánimo difíciles. Pero si no encuentras la calma ni desarrollas la resiliencia necesaria para poder controlar ese estado de ánimo y reponerte hasta de las dificultades más profundas, que jamás te imaginabas que ibas a afrontar, va a ser difícil lograr una visión memorable. Como las mariposas, que solo se acercan a las personas que están en calma, vas a tener que descubrir los beneficios de vivir y de acercarte a las personas y momentos que te produzcan paz, para así poder controlar y sobrepasar los momentos difíciles.

Por último, una visión memorable va a exigir una profunda autoconfianza de tu parte o colectivamente de la organización. Como individuos o como equipo, si dudamos por un instante de que seamos capaces de lograrlo, reduciremos de manera significativa las posibilidades de hacerlo. Cuando crees en ti y en el equipo que te rodea, eres capaz de volar y llegar hasta donde te lo propongas. No te quedarás en el suelo, solidarizándote en la mediocridad con las gallinas que te rodean, sino que podrás volar con todo tu potencial y tu talento, como la gran águila que eres. Así, podrás alcanzar la altura que quieras, donde llegarás a tu visión memorable.

Capacidad de proyección
de la oruga

Los que han vivido la increíble experiencia de viajar a la selva amazónica dicen que en algunas de sus partes más internas los árboles son tan altos y tupidos en su cima que logran oscurecer el ambiente incluso en el día. De noche, si pones tus manos a diez centímetros de tus ojos, no lograrás verlas.

En uno de estos bosques, donde habitan miles de animales ya acostumbrados a la oscuridad, se encontraba una oruga en el pie de un árbol, escalando lentamente hacia la cima. De pronto, llegó un pájaro negro, tosco y con vuelo torpe, y se ubicó a su lado.

—¿Qué haces? —dijo el pájaro.

—¿Yo? Estoy tratando de llegar a la cima de este árbol, porque es mi sueño.

—¡Eres boba o qué! —le contestó el pájaro, arrogante, con tono de burla y desprecio.

—¿Por qué? —replicó la oruga con humildad e inocencia, pero también con mucho asombro.

—¿No te has dado cuenta de que caminas cinco centímetros por día y que este árbol tiene cincuenta metros de alto? Te vas a morir antes de llegar a la cima.

—Tienes toda la razón, nunca había hecho las cuentas. Parece imposible que a mi velocidad me alcance la vida para cumplir mi sueño —respondió la oruga.

El pájaro se elevó e inicio su vuelo con cierto aire de satisfacción, ese que a veces tenemos cuando hacemos caer en cuenta a los otros de que están equivocados. Esa sensación de logro que experimentamos al demostrar que vimos algo evidente que los demás no, y que nos hace parecer más inteligentes que ellos. Con esa satisfacción arrogante de superioridad, el pájaro se alejó rápidamente de la frustrada oruga, que acababa de entender cuán absurdo era su sueño.

No satisfecho con haberle mostrado lo equivocada que estaba, el pájaro regresó el día siguiente a constatar el estado de su víctima. Se encontraba en el mismo lugar que la dejó, no se había movido hacia ningún lado; al parecer, la oruga había renunciado a su viaje en el instante en que el pájaro se fue. Se encontró con lo que parecía una oruga, pero absolutamente descompuesta, vacía, putrefacta y marchita:

—¿Estará así por mi culpa? ¿Será que se volvió así por lo que le dije? ¿Fueron mis palabras las que causaron esta tragedia? —se preguntó el pájaro, como buscando un confidente que lo acompañara en el asombro y el miedo que le había producido esa imagen.

En ese instante, llegó una extraordinaria mariposa azul con líneas amarillas que la cruzaban de lado a lado. Aterrizó gentilmente a su lado y, con una voz dulce y ecuánime, le preguntó:

—¿Qué haces?

El pájaro, con una voz de angustia, pero que encontraba al mismo tiempo consuelo al poder compartir su asombro con alguien, le contestó:

—¿Yo? Observando la tragedia que causé ayer. Irresponsablemente le dije a esa oruga que no sería capaz de llegar a la cima del árbol porque caminaba muy despacio. ¡Y mira lo que le pasó, se arrugó, se suicidó, se apachurró! ¡Todo por mi culpa!

La mariposa, con un tono calmado que inspiraba una profunda paz, dijo:

—No te preocupes, fue gracias a tus palabras que tuve el coraje y la capacidad para transformarme, y tan solo hoy, siendo mariposa, he ido y vuelto cien veces a mi sueño.

De esta inspiradora historia surgen grandes interrogantes: ¿Cuáles han sido esos pájaros que en tu vida han movilizado tu transformación? ¿Sabes en qué te tienes que convertir para cumplir tus propósitos o tus sueños? ¿Qué tan memorable, grande, movilizadora e inspiradora es tu visión?

Los hogares, las organizaciones y la vida en general están repletos de pájaros que viven desanimando a los demás, a los equipos y a las organizaciones en su propósito de alcanzar su visión memorable. Los pájaros representan, usualmente, a aquellas personalidades que viven en el "no", con una actitud pesimista frente a los retos; por eso invierten la mayoría de su tiempo tratando de disuadir a los demás de cumplir sus objetivos, explicándonos por qué no podemos llegar a la cima del árbol.

Debo admitir que yo era experto en eso. Lo reconozco con humildad y arrepentimiento, porque hoy en día no me siento orgulloso de ello.

Para ser honesto, invertía la mayor parte de mi tiempo repasando el pasado, explicando por qué no lograba mis objetivos y llenando a mis jefes y a mi equipo de razones que justificaran por qué era imposible cumplir con mi responsabilidad. En general, las presentaciones ante mis jefes eran una apología al "no". La mayoría de la información que exponía pretendía mostrar y documentar lo difícil que era llegar a la meta. Recuerdo que la medida del éxito de una presentación ante un jefe regional era lograr que bajaran algunos de mis objetivos, o convencerlo de que era imposible alcanzar lo que nos habíamos propuesto.

Varios años después de retirarme del exigente mundo corporativo, tuve el placer de leer un libro de Jim Collins, *From Good To Grate*, donde aprendí un concepto extraordinario. Según Collins, la gente ordinaria emplea la mayor parte de su tiempo documentando el pasado, el fracaso, explicando las razones por las cuales no se pudo alcanzar una visión. En cambio, dice el autor, la gente extraordinaria se dedica a responder la pregunta más importante que toda persona debe hacerse durante su vida personal y profesional: ¿Qué hay que hacer para cumplir con nuestros objetivos, propósitos y sueños? Esa fue la pregunta poderosa que se hizo la oruga: ¿Qué debo hacer para llegar a la cima del árbol?

Los pájaros viven contaminando con su negativismo a los demás, miran la vida por el retrovisor y no por el panorámico, y cuando uno deja que lideren, terminan convenciéndonos de su perspectiva.

En una de mis conferencias en una organización —donde después realizamos un taller sobre las reflexiones que nos dejaba "Compórtate como un animal"—, uno de los líderes sorprendió a los asistentes con su historia. Dijo que después de la primera historia de la oruga ya no había podido escuchar más, porque lo había dejado sumergido en un pensamiento del cual no logró deshacerse durante toda la conferencia: se vio fielmente reflejado en la figura del pájaro. Su hijo de ocho años, un año atrás, le había dicho que quería ser jinete, a lo cual él le contestó:

—No, hijo mío, estás confundido. Eso es un *hobby*, tú tienes que pensar en una profesión, porque hoy en día la vida es muy difícil y tienes que prepararte para poder afrontarla.

A los tres meses, su hijo volvió a decirle:

—Papá, ya sé qué quiero ser. Quiero ser entrenador de fútbol —ante lo cual su papá reiteró:

—No, hijo mío, aún no me comprendes: ser jinete o entrenador de fútbol no es una profesión, es un *hobby*. Hoy la vida es cada vez más retadora, por eso debes ser un profesional; puedes tener pasatiempos, pero tienes que estudiar y prepararte para poder afrontar la vida, porque es muy difícil.

Cuando el participante oyó la historia se sintió afligido, porque entendió que había sido el pájaro de su hijo, arruinándole sus sueños desde muy pequeño. A partir de ese momento, le había impedido hacerse la pregunta correcta: ¿Cómo hacerse profesional en lo que su padre llamaba *hobby* para con ello poder afrontar y vivir esa vida supuestamente difícil y retadora de la que él le hablaba?

Pero en ese momento comentó que lo que más le había dolido no fue darse cuenta de que había sido pájaro de su hijo, sino que su conducta había creado más pájaros en su familia. Un día venía en el carro con su familia de regreso de un paseo de fin de semana, y su hija de doce años les dijo en un tono entusiasta, alegre, como si acabara de descubrir algo mágico e importante para su vida:

—¡Papá, mamá, yo ya sé qué quiero ser en mi vida! ¡Quiero ser bailarina de *ballet*!

—No, María —respondió su hermano menor—. No has entendido. Eso es un *hobby*, tú tienes que buscar una profesión y estudiar y prepararte para el futuro, porque la vida es muy difícil y la vas a tener que afrontar.

Eso es exactamente lo que pasa cuando uno contamina a los demás con su comportamiento, y se enfoca solo en las razones por las cuales no es posible cumplir con el sueño o la visión memorable que nos proponemos. Las preguntas más relevantes que nos podemos hacer a esta altura son: ¿De quién hemos sido pájaros en nuestra vida? ¿A quién hemos contaminado con actitudes centradas en el "no", en lugar de preguntarnos qué hay que hacer para llegar a la cima del árbol?

¿Sabes en qué te tienes que transformar para cumplir tu visión memorable, tus propósitos o tus sueños? La segunda lección de esta historia es precisamente esta: ¿Por qué la oruga se convirtió en mariposa y no, por ejemplo, en pescado? Porque para llegar a la cima del árbol lo que le servía era volar, no nadar. Eso es que lo que sucede cuando tenemos una visión memorable definida. Cuando la visión es poderosa, robusta, transformadora, uno sabe en qué se tiene que transformar para alcanzarla.

Durante toda mi carrera corporativa observé la diferencia entre la gente que tenía claramente definida su aspiración profesional y la que no. Los primeros sabían exactamente qué habilidades necesitaban para llegar a donde se lo proponían; entonces trabajaban en eso, buscaban mentores, estudiaban, pedían retroalimentación constante y así iban desarrollando dichas habilidades y transformándose para llegar a su aspiración.

Quizá el ejemplo más claro e impactante es el de uno de los exdirectores de Microsoft para la región andina, y después de México, un tremendo líder mexicano que hoy sigue siendo mi amigo. Cada año, con base en esa visión profesional, él creaba la que sería la siguiente versión de sí mismo. Las llamaba "Beto 3.0", "Beto 4.0", y así sucesivamente. Era increíble ver cómo en cada versión estaban definidas a la perfección las habilidades que se comprometía consigo mismo a desarrollar. Beto 4.0 es una persona más ecuánime, más centrada, más resiliente, más enfocada en el mercado, menos apasionada, etc. Entonces, como en el caso la oruga, que pasó de crisálida a mariposa, uno veía lentamente la transformación de Beto y cómo pasaba de la versión 4.0 a la 5.0.

Hoy, por el contrario, reconozco que yo carecía de esa claridad. Me costaba mucho dibujar una visión profesional, pues solo estaba enfocado en el momento, por lo tanto no sabía en qué me tenía que desarrollar. Cuando esto sucede, tú les das espacio a los demás para que dirijan tu desarrollo, porque al no liderarlo le delegas a tu jefe esa gran responsabilidad. Pero, desafortunadamente, tu jefe hace lo mismo que muchas veces hacen los profesores con los niños en el colegio: en la entrega de notas solo hablan de las cosas malas y de las que tienes que mejorar, pero no de aquellas en las que eres bueno, y mucho menos de cómo va el desarrollo de lo que quieres hacer.

Toda mi vida yo dejé que mis jefes me señalaran cómo debía mejorar mi capacidad para diseñar, implementar y controlar mejor los procesos. Algo para lo cual en realidad tengo una aptitud poco desarrollada, y que además disfruto muy poco. De hecho, me declaro por completo impedido en el área de procesos. Jamás hablábamos de cómo explotar ese gran potencial que tenía para inspirar a los demás a través del lenguaje y las ideas, vocación en la que hoy ocupo todo mi tiempo, y de la cual hoy vivo y me siento profundamente realizado. Como no tenía clara mi visión, y mucho menos mi siguiente versión, entonces tampoco sabía en qué me tenía que transformar. ¿No es esa la tragedia de todos aquellos que vivimos agobiados por el tiempo, sobreviviendo en el día a día, y que por lo tanto no podemos parar para definir nuestro destino y enfocarnos en lo que debemos transformarnos?

¿Qué tan memorable, grande, movilizadora e inspiradora es tu visión? Esta es la última lección de la oruga. Llegar a la cima del árbol siendo oruga parecía poco probable. Por eso la pregunta es: ¿Qué tan ambiciosa debe ser la aspiración?

¿Qué tan grande? ¿Qué tan robusta? ¿Qué tan inverosímil? John Maxwell, en su libro *Líder 360°*, tiene una idea magistral que dice que "los sueños deben venir en tallas grandes, para que uno alcance a navegar entre ellos". Extraordinaria definición. Cuando el sueño es pequeño, solo caben poquitos y cuando uno lo cumple, tiene la sensación del deber cumplido y no trabaja por nada más. En cambio, si el sueño es grande, todos cabemos en él y hay la posibilidad de tomar diferentes caminos en el momento en que se presenten obstáculos en el viaje hacia esa meta.

Hay una definición de *estrategia* que trabajo en mi modelo de planeación estratégica: es tener varias opciones y escoger la que aumente más la probabilidad de ser exitoso. Cuando el sueño es pequeño, no hay opciones; cuando el sueño es grande, hay muchas opciones y diversos caminos. Esa es la magia de una visión memorable: aumenta las posibilidades y da espacio para navegar entre ellas, para cambiar en el camino y para invitar a otros a tener ese mismo propósito.

Amazon eligió su nombre, entre otras razones, haciendo alusión a uno de los ríos más largos, anchos y caudalosos del mundo. Jeff Bezos, el fundador y CEO, dijo en alguna oportunidad que esto permitiría imaginar qué tan grande y robusta llegaría a ser su compañía. Según Statista, en 2019 Amazon es la compañía de *retail* más grande del mundo. Como la oruga, parecía imposible competirle a WalMart, a Carrefour o a cualquier otro gigante. Pero desde su definición, Bezos creó una visión que exigía concentrarse en cómo lograrlo, donde los pájaros no tendrían espacio; una visión que claramente definía en qué se tenían que formar y transformarse; una visión, tan amplia y ambiciosa que se podría navegar fácil entre ella.

Helen Keller fue una gran mujer que nació ciega y sorda, y aun así aprendió a hablar, a leer y a escribir. No satisfecha con esto, se convirtió en una gran escritora de reconocimiento mundial. Un día le preguntaron: "¿Usted cree que hay algo peor en la vida que ser ciego?". Y respondió: "Sí, tener vista, pero no tener visión". Esto resume de forma magistral para mí la gran lección de la oruga: a ningún precio nos debemos permitir seguir el camino de la vida, personal y profesional, sin una visión clara, robusta, poderosa y transformadora. Una visión memorable.

La orientación al resultado del gato

Definir, dibujar y proyectar esa visión memorable es un reto, pero lograrla, y más aún, recorrer el camino para alcanzarla, es otra cosa. Por lo general, quienes logran brillar y hacerse seleccionables no solo se lo deben a que su visión sea robusta, poderosa y transformadora, sino a la forma en que han recorrido el camino y a la actitud con la que progresan cada día hacia ese destino. Esa actitud los diferencia de los demás en que, pese a los obstáculos, las distracciones o las tentaciones que se presentan en el recorrido, jamás pierden de vista su objetivo, e insisten con tenacidad en cada acto para alcanzarlo. Acá aparece una de las habilidades más extraordinarias de la gente que produce esplendor entre la manada: saber orientarse al resultado. Una habilidad difícil de desarrollar, porque quizá es la que más aliento demanda y que no solo depende del tiempo y el deseo profundo que tienes por alcanzar las cosas.

Una de las imágenes más impactantes de la naturaleza es la de un gato salvaje cazando al atardecer en alguna de las pocas llanuras que quedan en este mundo. Cuando escoge a su presa, el felino clava la mirada en ella; se apoya en sus cuatro patas, templándolas como unos resortes, listo para brincar en el momento oportuno; para la cola, como si señalara hacia dónde debe dirigirse para alcanzar a su víctima; se esponja completamente poniendo sus pelos de punta, y de este modo manifiesta la tensión interna y el grado de alerta de todo su cuerpo; roza el suelo con su barriga para camuflarse entre el horizonte que su presa distraída logra ver, y ahí, en esa posición única, clava su mirada intensa, amenazante e intimidadora sobre el ratón que el destino condenó a ese duelo, que quizá termine en su muerte.

Jamás veremos a un gato en esa posición voltearse hacia los compañeros de su manada para decirles: "Hey, ustedes, mírenme. ¿Cómo me veo? ¿Estoy bonito o no? ¿Qué opinan? ¿Estoy bien esponjado? ¿Sí me veo alerta? ¿Cierto que me veo intimidador? Tengo asustado a ese ratoncito, ¿no?". Jamás un felino cometería semejante error de quitarle la mirada a su presa, y mucho menos de pedirle a la manada que valide si se ve bonito o intimidador. Si hiciera eso, la presa escaparía; los escasos segundos que deje de observar sus movimientos pueden significar la diferencia entre la vida y la muerte.

Esta pequeña metáfora del gato que le quita la mirada a su presa y la pierde porque le importa más cómo se ve y lo que opinen los demás por encima de lograr su objetivo —que es cazar para poder comer y garantizar su supervivencia— tiene una moraleja tremenda: la gente que alcanza visiones memorables no administra su imagen, administra el resultado.

A lo largo de mi vida corporativa vi desfilar decenas de personas a quienes en las reuniones, como al gato vanidoso, les importaba más lo que opinaban los demás sobre ellas.

Por eso la mayoría de las veces decían cosas que claramente estaban orientadas a promover su carrera profesional y a crear una imagen que intimidara a los demás, mostrándose como empleados leales y comprometidos. Pero lo cierto es que las cosas que decían y hacían eran para su beneficio, no para el de la organización.

Recuerdo con precisión la técnica que utiliza uno de esos ejecutivos, que creció vertiginosamente en Microsoft, con la cual construía una imagen que hacía parecer que tenía pleno control y conocimiento del negocio, y, por consiguiente, que era el siguiente gerente que necesitaba la compañía.

Cuando estábamos en una reunión hablando sobre un tema muy específico y técnico, este gato vanidoso irrumpía en la sala de juntas abriendo la puerta con seguridad, insinuando una posición de liderazgo y superioridad frente a los que estábamos ahí, y de forma sorprendente se refería al tema que estábamos tratando.

—Espero que estén hablando de los canales de distribución, porque estuve conversando con el gerente y acordamos que es la prioridad de esta organización, por encima de cualquier otra cosa.

Un hecho en apariencia simple y cotidiano, pero que causaba un tremendo impacto entre quienes estábamos trabajando honestamente en esa reunión en lo que, creíamos, era lo correcto. Primero, a la gente le sorprendía que él supiera de qué tema estábamos hablando y llegara a recordarnos que eso era importante para la organización. Es como si tuviera un dominio total del negocio, un entendimiento pleno de los retos de cada equipo, y la capacidad de identificar y enfocarse en las cosas correctas. Eso creaba la imagen del líder estratégico que necesitaba la organización. Por otra parte, causaba mucho impacto oírlo decir que él había acordado con el gerente que el tema que estábamos discutiendo era una prioridad, porque dejaba en el grupo la sensación de que él era quien le hablaba al oído al gerente y era su persona de confianza, y, por lo tanto, el candidato a reemplazarlo.

Muchos años después se infiltró una confesión que este gato vanidoso le hizo a un amigo suyo acerca de su técnica para crear esa imagen:

—Todas las mañanas llego a mi computador y miro la agenda de las personas claves, observo qué reuniones importantes tienen y leo con cuidado el tema y los objetivos de cada reunión. Tomo nota de la sala y la hora, y cuando es el momento me levanto de mi puesto y voy y les digo que el tema de su reunión es la prioridad que acordé con el gerente, como si la idea fuera mía.

Así descubrimos cómo este gato vanidoso andaba de reunión en reunión, de equipo en equipo, de persona en persona, construyendo la imagen del líder estratégico que iba a reemplazar al gerente.

No pretendo juzgar si es válido o no, lo único que sí tengo claro es que este comportamiento estaba orientado a administrar su imagen, mas no a traer los resultados que la organización requería de su cargo y bajo su responsabilidad. En busca de la gente que brilla y produce esplendor, creo firmemente que quienes están orientados a administrar su imagen y no el resultado terminan perdiendo el brillo, porque no es real y su autenticidad se termina desnudando con el tiempo.

Hay otro elemento crítico de la gente que administra su imagen por encima del resultado. Como su propósito es salir bien en la foto, terminar una reunión proyectando una imagen de éxito, hacer ver que están rodeadas de buenas noticias, estas personas deben acudir a una táctica trágica: evitar transmitir las malas noticias. Solo comunican las cosas buenas, omiten las verdades que no les convienen e incluso recurren en ciertas ocasiones a las mentiras. Las malas noticas empañan la imagen de las personas, opacan sus aspectos positivos y los resultados extraordinarios.

El riesgo de esta práctica es que quienes no transmiten las malas noticias, o incluso a veces mienten, entregan un contexto y un diagnóstico errado a sus líderes, y por consiguiente ellos terminan administrando los problemas y los retos incorrectos. Estoy seguro de que en los escándalos más famosos de la historia, como el caso Madoff, el fraude de Enron, la insolvencia del Barings Bank, la quiebra de World.com y las pérdidas ocultas de Parmalat, casos en los cuales se utilizó la contabilidad para ocultar la situación crítica en la cual se encontraban esas organizaciones fruto de sus malos manejos, hubo una persona que, en un momento dado, sabía que estaba haciendo algo mal, que iba en contra de sus valores y que le hacía un profundo daño a la organización. Pero todos estuvieron siempre en la disyuntiva entre cuidar su imagen y empañarla diciendo la verdad. Y como guardaban la esperanza de que las cosas se solucionaran, decidieron poner su imagen y su prestigio por encima del resultado y lo que era correcto para la organización.

Y no estoy hablando de quienes a propósito decidieron hacer algo no ético para su beneficio personal, sino de las miles de personas que se fueron involucrando en esos escándalos sin darse cuenta, y que en algún momento terminaron en un punto de no retorno, donde tuvieron que decidir entre hacer lo correcto o no. Y como al ser humano le importa mucho su imagen, su prestigio, lo que los demás digan, entonces termina cometiendo el error del gato vanidoso: quitándole la mirada a lo que le conviene a la organización, al equipo, a la comunidad y a la familia, para poder proteger su imagen frente a los demás.

Este comportamiento errado de las personas y organizaciones no todas las veces es producto de una decisión intencional y unilateral orientada por el deseo propio de brillar, sino que tristemente está influenciado por otros, quienes con sus palabras y actos infunden en los demás miedo a decir la verdad. Si esa verdad empaña mi imagen ante mis padres, mi jefe o mi superior, entonces prefiero decir mentiras para protegerme.

Hay dos tipos de líderes: quienes permiten que les lleguen las malas noticias y saben reaccionar adecuadamente ante ellas —no infunden miedo en los demás y dan prioridad a los resultados y a los hechos, no a la imagen—, y quienes hacen todo lo contrario. En la historia, dos ejemplos de estas formas de liderar son el de Hitler y el de Churchill.

El primero fue derrotado en parte porque cuando estaba invadiendo a Rusia, su ejército comenzó a diezmarse por las inclemencias del clima, un frío que los alemanes jamás se habían imaginado que iban a enfrentar y para el cual no estaban preparados. Cuando Hitler preguntaba a sus comandantes cómo iba la incursión en Rusia, ellos transmitían solo las buenas noticias, es decir, mencionaban los avances, pero no le contaban la verdad completa: no le hablaban de los miles de soldados que estaban muriendo congelados en la estepa rusa, justamente por el temor que les daba la reacción que pudiera tener el ya desesperado líder, que sentía el fracaso pisándole los talones, y por consiguiente actuaba bajo los efectos del descontrol. Como nunca supo la verdad, pues estaba rodeado de un montón de comandantes que proyectaban una imagen falsa, cuando ya no había retorno, Hitler abrió sus ojos y se dio cuenta de que había sido derrotado —para bien de la historia—. Entre otras causas, los gatos vanidosos que administraron la imagen llevaron a la autoderrota a su propio ejército.

Caso contrario es el de Churchill. Decía este líder, quizá uno de los más importantes de la historia inglesa, que lo peor que le podía pasar a él era que no le llegaran las malas noticias, porque entonces terminaría administrando mentiras, en lugar de la verdad. Los hechos reales eran los que le permitirían decidir entre las tácticas y las estrategias de guerra correctas para vencer a su enemigo. Por eso, el ejército inglés contaba en cada batalla o escaramuza, por pequeña o grande que fuera, con un estadístico que levantaba información sobre los hechos brutales que sucedían en el campo de batalla, y esta pasaba directamente a Churchill, sin que los comandantes tuvieran oportunidad de manipularla, justamente para evitar la tentación de administrar la imagen y no el resultado. Para cualquiera de esos comandantes, era mejor decir que habían ganado una batalla. Perder dañaba su prestigio y empañaba su imagen, de ahí la tentación de no decir la verdad o incluso de decir mentiras. Pero fue justamente porque Churchill conocía los hechos que pudo concentrarse en llevar a cabo las estrategias correctas que le permitieron llegar a la victoria.

Personalmente, creo que no hay nada más doloroso que el comportamiento de aquellos hijos que actúan como los comandantes de Hitler. Es decir, que por temor a la reacción de sus padres prefieren decir mentiras cada vez que se equivocan. Sienten miedo de defraudarlos, temen a las consecuencias que podrían traer sus actos. Lo que no saben es que en la mayoría de las ocasiones esas consecuencias son menos dolorosas que las de no decir la verdad y afrontar los errores que como humanos cometemos.

Un ejemplo concreto es cuando un niño llega humilde y arrepentido a contarles a sus padres que probó por primera vez el alcohol. Sus papás, equivocadamente, reaccionan de forma agresiva y en algunos casos llegan incluso a la agresión física. La consecuencia es que esos hijos jamás en la vida volverán a contarles a sus padres una mala noticia, por temor a que ellos vuelvan a reaccionar mal, a defraudarlos, a fallarles o a no cumplir con sus expectativas, como sucedió la primera vez que fueron honestos. El día en que uno de esos hijos pruebe la droga, jamás va a compartirlo con sus padres; lo va a compartir con sus amigos o con otras personas a quienes poco les importan su destino y las consecuencias de sus actos.

Por eso, como padre, uno debe reaccionar como Churchill: por duro que sea el hecho o por grave que sea el error que hayan cometido nuestros seres queridos, es mejor conocerlo, oírlo con ecuanimidad y tranquilidad, y responder de manera amorosa y sincera, para ayudarlos realmente a entender las consecuencias de sus actos, la gravedad de los hechos y acompañarlos en el camino para encontrar la solución. Solo así ganaremos la confianza de nuestros hijos, para que ante cualquier circunstancia, por difícil que sea, nosotros seamos su primera instancia, su primera fuente de apoyo, sus mejores consejeros a la hora de superar y corregir los errores que hayan cometido.

La gente que, como en el caso de Churchill, administra los hechos, por difíciles de aceptar o retadores que sean, tiene una característica muy importante para la vida, y es la capacidad de decir cosas impopulares, que molestan a los demás y los sacan de su zona de confort. Pero cuando quienes la rodean tienen la madurez suficiente para enfrentar la realidad, y preocuparse poco por su imagen, dejar al lado su ego y hacer lo correcto por encima de su prestigio, se alcanzan resultados extraordinarios. Esta es la madurez de las organizaciones y personas que alcanzan visiones memorables, robustas, poderosas y transformadoras.

Ahora bien, hay otra gran diferencia entre quienes están orientados al resultado y quienes están orientados a la acción. La gente orientada a la acción hace muchas cosas, trabaja duro, se esfuerza, no se detiene, pero eso no necesariamente garantiza que logre el resultado que desea. Estas personas suelen vivir ocupadas, con la agenda llena, sin tiempo; son incapaces de detenerse por un instante a evaluar sin van por el camino correcto o si lo que están haciendo en realidad los llevará a lograr una visión memorable. Tienen un bajo balance entre la planeación, el análisis y la ejecución. Volviendo a nuestro gato salvaje que caza en la llanura, observaremos que el tiempo de análisis y planeación es significativamente mayor al de la ejecución. Desde el momento en que el gato decide hacerse con la presa pasan solo unos segundos, en comparación con los minutos e incluso horas que pudo durar su preparación.

La gente y las organizaciones orientadas al resultado no necesariamente hacen muchas cosas, puede que hagan pocas, pero bien enfocadas a producir los resultados que desean.

En mi experiencia laboral, quizá el ejemplo más claro que he encontrado de esta diferencia es el de la gente que trabaja en ventas. Hay dos tipos de vendedores: primero, están quienes aceptan cualquier cita que les den y cuyo objetivo es cumplir con un número semanal o diario de contactos. Su teoría se basa en que un porcentaje de gente responderá a la oferta y por eso terminan vendiendo. Hay otro tipo de vendedores: quienes no aceptan todas las citas y poco les importa el número de contactos que hagan. Ellos invierten todo su esfuerzo y tiempo en encontrar el prospecto con el perfil correcto. La diferencia es que los primeros logran una tasa de efectividad, por ejemplo, del 10 %, es decir, que de 10 contactos 1 les compre. Los segundos tienen una tasa de efectividad del 50 %, es decir, que de 2 contactos logran venderle a 1. Técnicamente, ambos lograron lo mismo, pero la gran diferencia está en el retorno. A mayor tasa de efectividad, mayor rentabilidad, porque implica menos esfuerzo, menos desperdicio y menos recursos.

Mi teoría es que los líderes que logran resultados memorables en las organizaciones saben escoger bien sus presas, invierten mucho tiempo en el diseño del plan para atraparlas y, una vez decididos, clavan la mirada en el objetivo y no se la quitan en ningún instante; no se dan el lujo de distraerse con el entorno y mucho menos con su ego y su afán de cuidar su prestigio. Así, en el momento correcto, ejecutan el plan con maestría, alcanzando de esta forma lo que se proponen, haciendo realidad la visión memorable.

Debo confesar con humildad que tan solo en esta etapa de mi vida, a los cincuenta años, he comenzado a despojarme de esa agobiante práctica de andar cuidando y administrando mi imagen; de pensar que cuidar el ego es más importante que disfrutar la vida; que ser vulnerable y equivocarse está prohibido; de creer que el prestigio está por encima de hacer lo correcto; de creer que uno es lo que los demás creen y no lo que los actos honestos, sinceros y coherentes con los valores lo hacen.

Tal vez una de las discusiones más constructivas que he tenido ha sido con mi hermano Alejandro, quien al igual que yo se retiró del mundo corporativo y se dedicó a acompañar a las organizaciones y a la gente en su desarrollo. Fue el día que hablamos acerca del concepto de *libertad*. Ambos concluimos que cuando tú andas por la vida cuidando tu imagen y tu prestigio, asegurándote de que cumples con los estándares que el mundo corporativo y la sociedad te exigen, te sientes preso, como si hubiera otro ser dentro de ti que no puede participar, opacado por la imagen irreal que estás construyendo de ti mismo. Cuando te despojas de esa prisión y empiezas a hacer no lo que toca, sino lo que es correcto, empiezas a descubrir la libertad, porque pierdes el temor de fallarles a los demás al poner por encima a alguien más importante, a quien de verdad no le puedes fallar, y es a ti mismo.

La persistencia del salmón

Apuesto a que alguna vez te has preguntado: "¿Qué tienen ellos que no tenga yo?". Es natural para la condición humana compararse con los demás. Como ya lo he expuesto, parte de mi teoría es que debes brillar para hacerte seleccionable, y si no eres capaz de reconocer el brillo de los demás, te será imposible superarlos. Sé que esto genera un dilema importante, porque es precisamente esta comparación la que nos lleva a estados emocionales insoportables en nuestras vidas. El reto es, entonces, llegar a un punto medio, donde no te compares en cosas banales, sino con las virtudes y las habilidades de aquellos que brillan.

Una de esas habilidades de quienes logran visiones memorables y en su camino van produciendo un brillo tremendo es la persistencia. La persistencia es una combinación entre tenacidad, constancia y decisión. Y no hay mejor manera de ejemplificar esta mezcla mágica que con el ciclo de reproducción de los salmones.

Los salmones viven en los océanos Atlántico y Pacífico, algunas especies pueden alcanzar hasta un metro de longitud y veinte kilogramos de peso. Estos peces se reproducen en agua dulce, pero migran al mar para alimentarse y crecer. Después de varios años, los adultos regresan para desovar,

47

en la mayoría de los casos en las mismas lagunas donde han nacido. Para llegar desde el lugar donde crecieron en el mar hasta el lugar donde sus antepasados dieron luz a su propia vida, pueden nadar miles de kilómetros. Es un espectáculo de la naturaleza ver cómo estos magníficos peces escalan por los rápidos torrentes del río que los llevará a sus orígenes. El salmón del Atlántico migra a aguas frías dulces a finales de la primavera o principios del verano, y nada corriente arriba a razón de 6,5 kilómetros diarios. Dado que el salmón es capaz de saltar bastante, supera la mayoría de los obstáculos que encuentra en su camino, pues hay pasos que requieren saltos de hasta tres o cuatro metros.

Como el recorrido es tan largo y exigente, los salmones descansan donde el río tiene menos corriente o tras una roca, donde haya un depósito de aguas tranquilas. Estos sitios se denominan las "paradas del salmón". Año a año, estas paradas son exactamente las mismas, y es allí donde aparece otra amenaza a su visión memorable de poder reproducirse para preservar la especie: la pesca recreativa.

Aquellos que logran eludir la pesca recreativa, y además superar un sinnúmero de minicascadas con sus espectaculares saltos, en la última jornada se encuentran con el obstáculo más feroz del camino: los osos, los más comunes, los pardos y los grizzlis. Aunque la dieta de estos imponentes animales no está basada por completo en la carne, pues también comen frutos y hierbas, su fuente principal de grasa y energía, que deben almacenar para sobrevivir en épocas de escasez, es el pescado. Pueden llegar a comer hasta 150 kilos al día, es decir, alrededor de entre cinco a diez salmones diarios.

Ansiosos, despúes de meses de espera, y con la ilusión de completar su dieta alimenticia, los osos van a persistir hasta el final para llevarse su ración del día.

Si logran superar todas las barreras, cuando finalmente llegan a su lugar de origen la hembra pone hasta 20 000 huevos. Los huevos eclosionan en un plazo de dos semanas a seis meses, dependiendo de la especie y la temperatura del agua. Tras este magnífico acto de reproducción, los salmones adultos flotan corriente abajo y regresan al mar. Sin embargo, los que viven en el norte del océano Pacífico solo desovan una vez, y mueren tras depositar y fecundar los huevos, y haber recorrido entre 1600 y 3200 kilómetros. Los alevines permanecen en el agua dulce durante unos dos años.

Ni los machos ni las hembras se alimentan durante la migración y la construcción del nido, antes del desove. Un esfuerzo más que demuestra su tenacidad y decisión por preservar la especie.

Un viaje de miles de kilómetros, la corriente en su contra, sequías, rocas por doquier, pescadores y osos muertos de hambre son algunas de las barreras que los salmones deben vencer durante sus viajes, que pueden llegar a durar varios meses. Sin la combinación de tenacidad, constancia y decisión, no podrían persistir en cumplir con el mandato genético de procrear en el mismo lugar donde nacieron. Si no persistieran en seguir adelante después algunos días de ese extenuante viaje, del primer salto fracasado, de la primera pérdida de uno de sus miembros en manos del hombre o de uno oso, los salmones hubieran desaparecido como especie hace miles de años.

En esas circunstancias, jamás verás a los salmones parar y reunirse para analizar la situación, y tomar la decisión de devolverse y desistir de su propósito de desovar en ese lugar que tiene las condiciones requeridas para asegurar la supervivencia de su especie.

Aun cuando pudieran hablar, jamás oirías a un salmón gritar: "¡Un oso! Regresémonos! ¡Sálvense quien pueda!". Todo lo contrario: a pesar del riesgo, del sacrificio que algunos de ellos tienen que hacer en beneficio del banco de peces, los salmones no se detienen; con tenacidad, firmeza y decisión, lo intentan una y otra vez, hasta llegar a salvo a su destino. Tremenda lección de la naturaleza.

Yo he visto gente, equipos, organizaciones y países con temperamento de salmón. Hay decenas de personajes de la historia que son ejemplo de persistencia. Uno de ellos, sin lugar a duda, es Nelson Mandela, bastante conocido, quien luchó contra la desigualdad toda la vida. Su historia ha inspirado a muchas personas para enfrentarse a la discriminación, la falta de inclusión y la diversidad. Pero tal vez pocos son conscientes de la persistencia detrás de la historia de Nelson Mandela. Si nos preguntamos cuánto tiempo luchó para por fin acabar con esa trágica desigualdad, brutalidad e inhumanidad que se vivió en Sudáfrica durante el *apartheid*, la respuesta sorprenderá a muchos.

Nelson Mandela nació en 1918 e inició su lucha en el año 1942. En 1944 fue puesto en prisión y liberado veintisiete años después. Logró la presidencia en 1994, a sus setenta y seis años, y un año antes, en 1993, obtuvo el Premio Nobel de Paz. Uno podría decir que el viaje hacia su visión memorable —o hacia sus orígenes, para seguir el ejemplo del salmón— le tomó a Nelson Mandela cerca de cincuenta años. Persistencia, fruto de una obsesión por terminar con la desigualdad; tenacidad, para soportar veintisiete años de prisión; constancia, para no dejar de movilizarse un solo día en dirección a su propósito, y decisión, de querer acabar al precio que fuera con la absurda discriminación racial que vivió su país.

En el mundo corporativo actual hay un ejemplo magistral de persistencia tal vez desconocido para muchos: Apple. Creadora no de usuarios, sino de fanáticos, esta organización suele ser admirada y percibida como exitosa desde sus inicios. Fundada en 1976, duró cerca de treinta años en una montaña rusa de éxitos parciales y múltiples fracasos; tanto que la misma Microsoft la salvó de la quiebra en 1997.

En 1994, Apple empezó a notar que se quedaba atrás en la evolución de los sistemas, pues sus arquitecturas no soportaban la multitarea; en cambio, los sistemas OS/2 o Unix, que vendían empresas como Sun Microsystems, sí lo hacían. Como esto empezaba a ser un problema, Apple se unió a Motorola e IBM en la denominada "alianza AIM", de la que nació la plataforma PowerPC. Dicha alianza daba por hecho que la unión de la potente plataforma de *hardware* al *software* de Apple sería toda una revolución que desbancaría a la potente Microsoft. Pero no fue así del todo y Microsoft siguió su ascensión meteórica de la mano de los PC.

En 1997, después de tres años de bajas en las acciones de la compañía, la junta directiva despidió a su director, Gil Amelio, y Jobs se convirtió en el nuevo CEO y comenzó con la reestructuración de la línea de productos de Apple.

El primer gran paso en la Macworld Expo de 1997 fue informar que Microsoft haría una inversión de 150 millones de dólares en acciones sin derecho a voto, y se anunció una versión del paquete Office para la plataforma Macintosh. Gracias a esta inyección de recursos, Apple pudo iniciar la senda hacia la recuperación, pero todavía estaba lejos de su gran rival y ahora socio Microsoft.

En honor a la verdad y a los hechos, cabe comentar que Apple comenzó a despegar y a liderar el mercado con el lanzamiento del iPod en el 2001, cuando su valor de mercado pasó de 5 billones de dólares a cerca de 200 billones seis años después. Pero fue realmente con el lanzamiento del iPhone que esta admirada organización inició su crecimiento exponencial. De 1997 al 2018, su valor de mercado se quintuplicó, y durante este período de diez años Apple reclamó la posición que tanto había luchado.

Esta es una historia de persistencia de más de treinta y un años de una organización que, si no fuera por su tenacidad, continuidad y decisión de innovar, hoy no existiría ni siquiera en el recuerdo, como los centenares de compañías de este tipo que han nacido y muerto a lo largo de estos casi cincuenta años de revolución tecnológica digital.

En lo personal, aún no he podido entender si mi historia de veintitrés años como empleado en el mundo corporativo es una historia de persistencia o no. De constancia sí lo fue, sin lugar a duda, porque todos los días me levanté con el firme propósito de dar todo de mí y de hacer las cosas con la excelencia que el competitivo contexto exigía. De hecho, uno de los aspectos más asfixiantes de la cultura de Microsoft en particular es que todos los días sientes que le debes algo a alguien. Creo que es parte de la fórmula secreta de su cultura: si un día disminuyes la constancia, el tren bala que marca el ritmo de la organización te deja. Así que no había tiempo para descansar, y no física, sino mental y emocionalmente. Había que ser constante para estar enfocado cada segundo en la tarea.

De hecho, hoy día me río al recordar aquella sensación de no poder detenerme un solo momento, pues en cada circunstancia tenías que estar listo para demostrar que tenías pleno dominio del negocio. Que estabas presente y que prácticamente no había nada más en tu vida en lo que ocuparas tus pensamientos; que tenías una obsesión permanente por cumplir los objetivos del negocio. Tenías que estar alerta hasta cuando entraras al baño, porque en cualquier momento entraba un ejecutivo de mayor nivel y te preguntaba por el avance de algunas de las estrategias o planes que estabas ejecutando.

Sin duda, la tenacidad también era una habilidad necesaria para poder sobrevivir a la alta competitividad. Todo lo que hacía siempre estaba complementado con la famosa "milla extra" que hay que dar en el mundo corporativo. Así que el trabajo me exigía tenacidad los 365 días del año. No era suficiente la intención de obtener buenos resultados, había que lograrlos de cualquier manera y, a veces, al costo que fuera.

Así que fui constante y tenaz en el propósito de mantenerme vigente y competitivo en ese mundo corporativo. Pero ¿qué hace la diferencia entre las personas persistentes y las personas como yo, constantes y tenaces? La respuesta a esta pregunta la descubrí hace poco. La persistencia implica constancia y tenacidad, pero además la firme decisión de lograr un gran objetivo que le dé sentido a tu vida. Creo que este es el motor de una visión memorable: ese firme propósito de alcanzar una meta superior que haga coherentes y consecuentes todos tus actos.

Yo carecía de una visión memorable en Microsoft. Tal vez no fue una historia de persistencia, porque yo no persistía a diario en alcanzar un objetivo, simplemente competía con tenacidad para salvar mi trabajo. Recuerdo cómo Cris, mi mentora de vida y profesional, solía preguntarme: "¿A dónde quieres llegar en tu trabajo? ¿Por qué no te interesa reemplazar a tu jefe?". Ante estas preguntas, sentía miedo, pero sobre todo un vacío en mi alma, porque no tenía una visión clara en la organización y por consiguiente mi persistencia, es decir, la constancia, la tenacidad y decisión de mantenerme ahí, no tenía ningún sentido.

Hoy, después de siete años dedicándome a lo que realmente amo, me levanto todos los días a persistir, con tenacidad, constancia y decisión, para llegar a mi laguna de aguas dulces y calmadas donde están mis orígenes, para lo que siento que nací; a esa laguna que siempre albergará mi visión memorable, que es ayudar a las personas y las organizaciones a ser mejores y más humanas a lo largo de su existencia.

El día que pasé de ser empleado a empresario entendí la diferencia entre la constancia y la persistencia laboral. La primera es un hábito, mientras que la segunda es esa decidida intención de levantarse con tenacidad todos los días para alcanzar la visión memorable, que reposa en la laguna de agua dulce. Esa laguna es diferente para cada persona y para cada organización, como lo es para las diferentes especies de salmones. Lo que te permitirá saber si estás persistiendo y no simplemente siendo constante con tus hábitos será la respuesta a una pregunta que nos debemos hacer todos los días: ¿Esto que estoy haciendo me conduce hacia esas aguas dulces y calmadas donde reposan mis orígenes? ¿Me lleva a ese lugar donde quiero que mis acciones y mis ideas nazcan y crezcan?

La resiliencia
de las mariposas

Debes aprender a cazar mariposas como los verdaderos profesionales —me dijo un gran mentor—. Ellos se sientan en medio de la selva en completa paz, entonces las mariposas, al detectar su calma, vienen y se posan solas sobre ellos.

Esa fue otra de esas frases que marcó un hito en mi vida personal y profesional.

Como mencioné, estuve en el mundo corporativo alrededor de veinticinco años, y en el comercial cerca de veinte. Mi primera responsabilidad fue como contribuidor individual. Inicié con el reto de desarrollar el canal de *retail* para Microsoft, es decir, empezar a comercializar *software* y *hardware* en puntos de venta, lo cual no existía como práctica en el mercado. Se trató de un reto extraordinario, puesto que en ese entonces (por 1995) la industria de *software*, naciente e inmadura, no estaba acostumbrada a pagar por el *software*, pues se asumía que este venía con el computador. Así que, en esa primera etapa, yo tenía que garantizar la disponibilidad de cajas de Windows, Office y Flight Simulator, entre otros programas, en los puntos de venta, pero al mismo tiempo desarrollar los conceptos de *legalidad* y *licenciamiento* entre los clientes. Como es obvio, las cuotas y cifras de crecimiento eran inmensas, puesto que estábamos partiendo de una base muy baja. Esta fue tal vez la primera vez que tuve esa sensación de no estar cumpliendo con los objetivos de mi trabajo. Con el tiempo, me mantuve en un reto permanente, con responsabilidades cada vez más grandes en las diferentes áreas a las cuales fui ascendiendo profesionalmente.

No obstante, durante ocho años siempre había sido contribuidor individual, de manera que los retos eran conmigo mismo, estaban bajo mi control y yo, de una forma u otra, podía administrar mi estrés. Por eso, la verdadera presión comenzó cuando me dieron la oportunidad de ser gerente, es decir, de ascender a una posición donde tenía gente bajo mi responsabilidad. Pasé de la adolescencia a la adultez del mundo corporativo en un solo salto. La presión, la responsabilidad, el estrés y el descontrol alcanzaron otros niveles. Ahora sentía que las cosas ya no estaban bajo mi control, y ya no solo tenía que administrar mi estado de ánimo, sino el de los demás. La ansiedad crecía exponencialmente a medida que pasaban los años, y esa ilusión de llegar un día a un estado de paz y realización nunca se materializó.

A niños pequeños, problemas pequeños; a niños grandes, problemas grandes. Nada más cierto en la vida corporativa. A medida que tu responsabilidad crece, aunque técnicamente estés haciendo lo mismo que en el cargo anterior, la presión, la ansiedad y el estrés aumentan.

Yo no había entrado al club del esomeprazol hasta unos meses después de que empecé a tener gente a mi cargo. Ese fármaco era el reflejo de que mi cuerpo comenzaba a asumir lo que mi mente no era capaz de controlar. En las reuniones de equipo, de revisión de ventas —mejor conocidas como el famoso *forecast*— resaltaba mi descontrol. Aún trato de entender por qué el mundo comercial me producía tanta ansiedad y estrés. Últimamente he concluido que la razón fundamental es que yo no nací para eso.

Hoy en día una de mis ocupaciones es dar conferencias a públicos masivos. La gran sorpresa que me he llevado en este nuevo entorno es que entre más gente haya en el auditorio menos nervios me dan a la hora de inspirar a un público. De hecho, cuando he hablado frente a públicos de 5000 personas es cuando menos miedo he sentido; por el contrario, más energía tengo. Podría decir que técnicamente sufro de *eutrés*, el estrés que, en vez de minimizarte, te engrandece. Me atrevería a decir que a la mayoría de la gente le sucede todo lo contrario, pues su miedo más grande es hablar en público. Se dice que hay quienes prefieren "estar en el ataúd que pararse a hablar del muerto". A mí me pasa todo lo contrario: el lugar donde me permitan hablarles a los demás para inspirarlos lo tomo como un regalo de la vida. La diferencia entre mi vida como vendedor y mi vida como conferencista es precisamente que yo no nací para el mundo comercial, pero sí para estar encima de un escenario.

Es por esta razón que terminé en una crisis severa de reflujo, que muy seguramente devino en úlcera gástrica —nunca me diagnosticaron, claro, porque jamás tuve tiempo para ir al médico—. Como consecuencia, hubo un episodio que marcó un hito en esa carrera del mundo del estrés. Un día, fruto de una de esas crisis gástricas, terminé desmayado en el corredor de la oficina, en medio de todos aquellos con quienes yo competía a diario por demostrar quién era el mejor. Porque no nos digamos mentiras: en cada instante y en cada acto, competimos por hacer las cosas mejor que los demás. Ese es el juego.

Con ese y otros actos demostré que no estaba listo para soportar la presión del mundo corporativo, y mucho menos la presión de los tres o cuatro niveles de jerarquía que había por encima de mí.

La gente pasaba y decía: "¿Qué le pasó? Lo veo mal, está pálido". Otros comentaban: "Parece que es por estrés. Lo he visto superdescontrolado, porque no está cumpliendo sus objetivos". Yo oía mientras intentaba salir de ese letargo en medio del dolor que produce una úlcera incipiente, que, me imagino, era lo que realmente tenía.

Recuperado del incidente, y justo cuando me comenzó a doler más el orgullo que la úlcera, mi jefe me llamó a su oficina y muy amable y respetuosamente me invitó a sentarme frente a él, como queriendo asegurarse de que yo me encontrara bien. Éramos buenos amigos, habíamos construido una relación cercana, con una claridad meridiana de que primero estaría lo profesional. Entonces me dijo:

—¡Qué espectáculo tan grotesco! Se veía muy mal ahí tirado en el piso.

—Claro, Juan, es que estoy muy estresado —le respondí, sacando mi gran as bajo de la manga.

El estrés había sido mi pretexto para justificar el incumplimiento. De manera equivocada, había decidido recurrir a la compasión de los demás, mostrando mi problema de estrés abiertamente. Me imaginé que si me veían preocupado y estresado, me iban a disculpar por no cumplir con mis objetivos. Mi lógica para no perder mi trabajo era que los demás vieran que al menos estaba preocupado por los malos resultados.

—¡Yo sé que está muy estresado, Nico! No me tiene que explicar por qué se desmayó ahí enfrente de todo el mundo —dijo en un tono serio y directivo—. Pero precisamente de eso quería hablarle, porque usted está cometiendo dos errores —yo asentí tímido y nervioso con la cabeza—. El primero es que no está cumpliendo con sus objetivos…

—Por eso, por eso —repetí con euforia—. Estoy muy estresado y por eso me desmayé.

—Sí yo sé, ya hablamos de eso, ¿no? —respondió con una cara muy seria—. Pero tranquilo, si quiere, de vez en cuando no cumpla con sus objetivos. Pero no permita que sea frecuente, porque si no me toca echarlo… —añadió con tono burlón.

Con esto me estaba queriendo decir que no me iba a pasar nada si no cumplía los objetivos de un mes o un trimestre, y que por lo tanto esa no era una justificación para haber llegado a ese punto.

—El segundo error —y esta vez sí puso una cara de misterio, como si fuera a revelar un gran descubrimiento —es que con su estrés usted está demostrando un profundo descontrol, y si quiere que le dé un consejo, esta vez de amigo y no de jefe, de vez en cuando no cumpla con sus objetivos, como ya le dije, pero jamás, jamás demuestre descontrol, porque a la organización no le sirve la gente descontrolada. Necesitamos es gente que sepa administrar la presión y las dificultades para poder resolver los retos que tenemos, y usted con su descontrol nos está demostrando que no está siendo capaz de lograrlo.

Esa frase y ese momento fueron unas de esas experiencias que uno guarda en el maletín de la vida, y que marcan su futuro personal y profesional. Ese día entendí algo muy obvio, aunque poco evidente para quienes hacen parte de la vida corporativa: las organizaciones necesitan gente que sepa administrar problemas, no gerenciar felicidad. Porque esa es la esencia misma del trabajo, resolver problemas y superar retos. Entre más grande el reto, más alta la remuneración, y entre más complicados los problemas, se requiere mayor madurez corporativa por parte del empleado. Ese era el mensaje de mi jefe: en la medida que yo entendiera que estaba ahí para administrar dificultades y no éxito, mi futuro profesional mejoraría.

Parece obvia esta idea, pero no lo es. Hay momentos en la historia de las organizaciones y en la vida en que todo se da, entonces administras más éxito que dificultades. Yo, por ejemplo, viví dos microsofts totalmente diferentes. Durante mis primeros diez años en aquella extraordinaria organización, para ser sincero, administrábamos el éxito, y por consiguiente mucha felicidad. Es lo que le sucede a cualquier organización que lanza un producto nuevo en un mercado nuevo y acierta con su propuesta. A nosotros nos compraban, no vendíamos; siempre superábamos con creces cualquier meta que nos propusiéramos; no teníamos competencia, estábamos solos incursionando en un mercado hasta ahora virgen, donde uno levantaba un lápiz y debajo encontraba sin falta una oportunidad.

La acción se desdoblaba en promedio cada dos años, y recuerdo esos increíbles momentos de euforia que se vivían en las oficinas, cuando anunciaban un nuevo *split*. La gente hacía cuentas en su mente y al ver que ahora tenía el doble de acciones, sumado al crecimiento del precio de la acción, se daba cuenta de que iba a tener tanto dinero como jamás se imaginó que lograra ahorrar. Cuando lanzábamos un producto nuevo, como no existía compatibilidad con la versión anterior, los clientes se veían obligados a actualizarse. Así las ventas llegaban solas y nosotros en realidad nos dedicábamos a hacer mercadeo en abundancia, sin restricciones, de manera que la creatividad podía fluir sin límites.

¿No es eso acaso administrar felicidad? Honestamente, no se requerían líderes capaces de administrar dificultades y problemas. Otras habilidades de las cuales hablaré más adelante, sí, pero control y resiliencia jamás. Porque el mercado nos empujaba con vigor, como el viento impulsa a un velero en alta mar.

En la segunda Microsoft que viví, comenzamos, en cambio, a administrar verdaderos problemas y retos asfixiantes. Como aquella vez que tuvimos que afrontar la demanda antimonopolio y en las reuniones nos decían que éramos unos abusivos. Cuando la gente empezó a odiar a Bill Gates porque era el hombre más rico el mundo. Cuando comenzaron a aparecer competidores como SunMicrosystems, que incluso regalaban su producto para ganar participación de mercado. O cuando comenzaron a aparecer y a despertar los grandes monstruos de Apple y Google. Yo estuve en la reunión mundial de ventas de Microsoft del 2010, a la que asistieron 15 000 personas; el iPad ya había hecho su debut y Steve Ballmer, en ese momento presidente de Microsoft y sucesor de Bill Gates, se refirió a este artefacto de forma despectiva, y con arrogancia se burló de su funcionalidad y predijo el fracaso de ese producto. La primera decisión de Satya Nadella cuatro años después, cuando sucedió a Ballmer, fue corregir el gran error que su antecesor había cometido, y con humildad tuvo que pedirle a su equipo de desarrollo darle prioridad a la versión de Office para iPad, porque rondaban por el mundo cerca de 350 millones de estos aparatos sin una sola aplicación de Microsoft corriendo.

Viví a Microsoft cuando la gente ya no estaba dispuesta a pagar 300 dólares por Office, y los clientes no admitían que entraran versiones que no tuvieran compatibilidad. Como consecuencia, el verdadero jefe, los clientes, comenzó a reclamar su posición y, a través de las encuestas de satisfacción, a arrinconar a Microsoft a tal punto que la acción no volvió a hacer *split* jamás. De hecho, el precio de la acción se mantuvo inmóvil en un promedio de 25 dólares, y no se volvieron a ver en los corredores las famosas celebraciones de la gente que estaba ganando mucho dinero con sus *stock options* (opciones sobre acciones). Por lo menos hasta el 2012, año en que me yo me retiré.

Retomando el momento en que me encontraba frente a mi jefe tratando de entender a profundidad que no estaba logrando nada con mi descontrol, que las directivas no tendrían compasión conmigo si no cambiaba de actitud ni me ponía a la altura de mi responsabilidad, sabía que iba a estar en serios problemas. Ese día, cuando llegue a casa al finalizar la jornada, tomé la decisión más obvia, aquella que parece mágica y en la cual uno siembra todas sus esperanzas: contratar un *coach*. Inicié mi búsqueda y las interacciones, y llegué a conversar con varios expertos, pero mi experiencia fue realmente desastrosa. Todos usaban la misma metodología y las mismas frases de cajón. "¿Desde dónde estás parado?". "¿Cuál es la mirada que le das a lo que estás enfrentando?". No lograba conectarme, porque en realidad ni siquiera entendía en dónde estaba parado. Así que seguí con mi búsqueda de ese ser que, como con una varita mágica, me iba a quitar el estrés y a eliminar el riesgo de perder mi trabajo, que tanto quería, pero, sobre todo, que tanto necesitaba.

Un día, sin buscarlo, me encontré con un ser que no tenía esa varita mágica, pero sí un pensamiento de esos que transforman. Él estaba dirigiendo un taller para todos los gerentes de la región andina. Aunque nunca le pedí formalmente un consejo, de repente se acercó a mí y, con un tono estilo dalái lama, me dijo:

—Nico, tú estás tratando de cazar las mariposas de forma equivocada.

—¿Cómo así? —le dije con sorpresa, frunciendo mis pobladas cejas. No sabía de qué hablaba ni a qué se refería.

—Estás tratando de alcanzar tus objetivos como aquellos que cazan mariposas con una red. Cuando les acercas la red, ellas detectan tus movimientos y tu agresividad, leen el peligro, y alzan vuelo y se alejan de ti. Así es imposible atraparlas.

—¿Y entonces cómo se cazan? —pregunté incrédulo pero intrigado.

—Los verdaderos profesionales se sientan en medio de la selva en completa paz, y entonces las mariposas detectan su calma y vienen y se posan solas sobre ellos.

Debo confesar que en ese momento sentí como si una gran luz hubiera iluminado el camino en medio de la oscuridad. Ahora veía dónde se encontraba la salida que me permitiría dejar atrás el descontrol y encontrarme con la resiliencia.

La analogía de la caza de mariposas es poderosa. ¿Quién quisiera encontrarse cerca de alguien que está batiendo agresivamente un palo y una red para atraparlo? Con mi estrés estaba alejando todo: la gente, las oportunidades, a mi equipo y obviamente mis resultados. Desde ese momento me volví un frenético opositor del maltrato en cualquiera de sus modalidades y en cualquier espacio de la vida. En mis talleres y en mis conferencias reto a la gente a demostrarles a aquellos que creen que logran resultados extraordinarios infundiendo miedo en su gente están profundamente equivocados. Una cosa es retar con respeto a los demás —y de eso hablaré luego—, pero otra es pasar por encima de los demás, infundirles miedo y, en muchas ocasiones, dañar su autoestima.

Recuerdo con rabia y dolor el momento en el cual uno de esos grandes "líderes" que estaban muy por encima de mí hizo exactamente eso conmigo, y en tan solo treinta segundos creó una barrera entre los dos, me infundió un miedo profundo, pasó por encima de mi orgullo y dejó una huella negativa en mi autoestima.

Fue cuando tuve que sostener una reunión uno a uno con el vicepresidente de mi área en Latinoamérica. Un hombre brillante, sagaz, con una fuerza interior arrolladora y una velocidad de pensamiento asombrosa. Cuando te sentabas frente a él, ya su sola corporalidad y actitud te intimidaban. Supongo que lo que sentí al estar frente a él es lo mismo que experimenta un niño cuando lo ponen enfrente de su profesor el día de entrega de notas. Yo tenía un nudo en mi mente y en mi garganta, porque contaba con tan solo quince minutos para dejar una buena impresión en él. Debía salir de esa reunión en hombros, mostrando que todo los sabía y todo lo podía. Pero transcurrieron tan solo treinta segundos para que mis quince minutos de gloria se convirtieran en una de las experiencias más agobiantes de mi vida corporativa.

—El día que me contaron que a usted lo habían nombrado en su cargo actual, me opuse completamente, porque yo creo que usted no está hecho para esto, y no posee las competencias ni habilidades para superar el reto que tenemos en este negocio —me dijo, en un tono displicente e irrespetuoso, ese ser humano intimidante sentado frente a mí. De hecho, puso los pies sobre el escritorio y continúo—. Pero dele, tiene quince minutos para demostrarme lo contrario y salvar su puesto.

Para muchos, ese instante —el típico momento en el que ves a ese pájaro que te agrede y trata de arruinar tus sueños— te anima a levantarte para demostrarle que está profundamente equivocado, e incluso motiva tu transformación —como la oruga que se convierte en mariposa—. Pero no fue así para mí. En ese instante, ya no tenía la fuerza interior que se requería, incluso estaba dudando de mis habilidades, y sus palabras resonaban en mi cabeza diciéndome que quizá él tenía razón.

No sé cuál era su verdadera intención, pero lo que él logró en ese momento fue que la distancia entre los dos se incrementara, infundir más miedo, crear desconfianza entre los líderes y un profundo desánimo que se comenzaba a traducir en falta de compromiso. Honestamente, ¿qué persona cree que alguien con miedo da todo de sí mismo por otro o por una compañía? Las personas con miedo cometen errores porque están sesgadas por ese sentimiento, porque no actúan de manera objetiva, sino que actúan poniendo por delante el deseo profundo de protegerse y de impedir que los hechos les hagan más daño.

¿Has observado en un parque cómo se comporta un niño con miedo en comparación con uno empoderado? El primero no se mueve, no se arriesga, se aísla y pasa desapercibido. En cambio, el empoderado llama tu atención por su actitud contagiosa, porque se arriesga en el juego, prueba cosas nuevas y descubre otras formas de divertirse. Los líderes que con su red maltratan a los demás crean niños atemorizados, que se aíslan del negocio y del mercado, solo piensan en protegerse para no sufrir más daño y olvidan su propósito en el trabajo, cualquiera que sea su reto o su posición.

Algunos años después de esos quince horripilantes minutos, iba en mi carro con un grupo de compañeros camino a una convención de trabajo. En las tres o cuatro horas que estuvimos juntos hubo un momento de confianza en el que todos comenzamos a compartir nuestras angustias y malos y buenos momentos, y a pasar lista de los jefes que habían marcado positiva o negativamente nuestra vida laboral.

Yo decidí contar mi historia. Era un riesgo, porque en ese grupo podía haber algún aliado de aquel famoso vicepresidente, y que le contara que yo andaba por ahí hablando mal de sus prácticas de liderazgo. Todos me escuchaban aterrados, y me pedían ilustrar cada detalle de esos quince minutos. Para sorpresa de todos, cuando cité textualmente la frase con la cual había comenzado la reunión, uno de los compañeros de esa memorable catarsis que estábamos viviendo me detuvo con euforia, y con cierta alegría y consuelo de haber encontrado una respuesta a un dolor que él también tenía:

—No lo puedo creer, a mí también me dijo lo mismo el día que tuvimos nuestra primera uno a uno.

Habíamos desnudado y descubierto otra de las técnicas que ese ser utilizaba para infundir miedo en las personas, creyendo que de esta forma iba a lograr nuestro compromiso para alcanzar los resultados que la organización necesitaba al precio que fuera.

No quiero dejar de reconocer su inteligencia y capacidad estratégica, pero la gente que lo ponderaba por sus resultados, a pesar de su irrespetuoso estilo, no tenía en cuenta que estos también se debían a que el viento estaba a nuestro favor:

porque esa era la época en la cual administrábamos éxito. Con el tiempo, le perdí el rastro y no sé ni en qué anda ni qué resultados de impacto logró después para Microsoft. Me hubiera gustado verlo liderando en una etapa de esas donde tienes el viento en tu contra, porque ahí es donde hubiéramos conocido sus verdaderas capacidades de liderazgo. En esos momentos de reto, las técnicas que solía utilizar para infundir miedo en la gente son por completo ineficaces, porque la oscuridad no se aclara con más oscuridad, sino con luz; arrojar miedo sobre la gente es quitarle la luz que necesita para superar los retos que hay que enfrentar cuando el viento está en contra. Con esa frase con la cual él andaba intimidando a todo el mundo solo, demostró que no administraba nada diferente a su ego y falta de respeto por el ser humano.

Yo también debo aceptar que en ciertos momentos de descontrol hice lo mismo con alguna que otra persona. Contar esta historia en este libro es una forma de remediarlo, para que quienes andan tratando de cazar mariposas con red dejen de hacerlo, e intenten encontrar la calma en aquellas situaciones de presión y estrés, que nunca van a faltar. Mi humilde paso por la vida corporativa me demostró que la resiliencia es la mejor manera de enfrentar los problemas, las dificultades y los retos que tenemos a la hora de alcanzar la visión memorable que buscamos.

Este libro, y este capítulo en especial, es mi disculpa, es mi aporte y el modo de resarcirme con todos aquellos que en algún, momento toqué con mi red. Estoy en el camino de aprender cómo sentarme en calma para que las mariposas vengan y se posen sobre mí.

La autoconfianza
del águila

Creo firmemente que hay razones que nos impiden a las personas y a las organizaciones cumplir nuestras visiones memorables, entre ellas, creer que no somos capaces de alcanzarlas, la desmoralización frente a las dificultades y barreras que se nos presentan, y no entender o reconocer las habilidades requeridas para lograrlo. La resiliencia que atrae a las mariposas y la capacidad de transformación de la oruga nos han invitado a no desmoralizarnos y entender en qué nos debemos transformar para alcanzar nuestra visión memorable. Pero nada de esto será suficiente si no creemos que podemos alcanzarla. La siguiente fábula ilustra muy bien esta situación.

Un día, una mamá gallina, solidaria y compasiva, encontró un huevo que un águila había abandonado y decidió llevarlo a su nido. Sin conocer si su método de incubación funcionaría, lo intentó con la profunda esperanza de que el aguilucho huérfano se salvara y encontrara un hogar a su lado. Como respuesta al intento generoso de la gallina, el águila nació completamente sana. A pesar de las profundas diferencias, sus hermanas y familiares la recibieron con afecto, como si fuera un miembro más de la familia.

Un buen día estaba el águila entre las gallinas picoteando del suelo los residuos orgánicos que le permitían comer generosamente, dándole así aliento a su desarrollo y a su crecimiento, cuando de pronto las sobrevoló de forma magistral otra águila, absolutamente extraordinaria, de dos metros de envergadura. Suaves aleteos le daban al ave la suficiente energía para planear por largo tiempo. Gracias a su conocimiento profundo y a muchos años de experiencia, sabía reconocer las corrientes de aire, que la elevaban tanto que a veces era como si se fundiese con las nubes, para luego bajar en picada, a una velocidad tal que parecía un vuelo de la muerte. Pero su habilidad le permitía dar reversa a la caída y, rozando la hierba de la pradera, regresaba prácticamente sin impulsarse a otro ascenso que no demostraba más que la maestría heredada de sus ancestros.

Las gallinas en el suelo miraban semejante espectáculo de la naturaleza ocasionalmente, porque su mirada estaba clavada en el piso, buscando y seleccionando su alimento, que era su prioridad. El águila huérfana, por el contrario, no podía quitar la mirada del cielo, inspirada por esa destreza superior que orgullosamente demostraba el águila en vuelo.

—¿Saben qué, hermanitas y primas? ¡Yo daría la vida para poder volar algún día como esa águila! —dijo con voz reflexiva y con una pizca añorante y nostálgica al mismo tiempo.

¿No es eso acaso lo que nos pasa cuando, teniendo todas las capacidades y los talentos necesarios, no logramos alcanzar los objetivos, las metas y los sueños que nos proponemos? ¿Por qué ocurre esto?

Creo que una de las razones es que, teniendo todas las capacidades y habilidades para ser extraordinarios en aquello para lo cual nacimos, nos la pasamos viviendo la vida de los demás. Esa es la tragedia de una inmensa cantidad de personas que no han podido decidir a qué dedicarse en su vida, porque quienes deciden eso son los demás.

A menudo, los adultos cometemos con nuestros hijos el error de vivir a través de ellos la vida que nosotros nunca pudimos tener. Por eso los ponemos a hacer cosas para las cuales no tienen talento. Despreciamos sus alas o no las vemos. Con nuestros actos y palabras impedimos incluso que ellos sean capaces de reconocerlas; entonces, como el águila huérfana, nunca intentan volar, y sus alas terminan atrofiándose para convertirse en las gallinas que nunca fueron.

Regularmente, cuando termino mis conferencias se me acercan algunas personas a compartirme sus pensamientos, y tal vez una de las reflexiones más frecuentes es precisamente esta: "Estoy viviendo la vida de mi papá, no la mía, no para lo que nací".

Jamás vas a llegar a tu visión memorable, cualquiera que sea, difícil o fácil, si estás viviendo la vida de otro y no la tuya, por una razón muy simple: cuando vives la vida de otros no utilizas tus talentos, sino que te la pasas intentando desarrollar los que los demás quieren de ti; como te es difícil desarrollarlos, un día pierdes la confianza en ti mismo y crees que no eres capaz de lograrlo.

El autorreconocimiento es el punto de partida para lograr la confianza que necesitas para perseguir tu visión memorable. Nada más difícil que desarrollar la capacidad de reconocerte a ti mismo. Requiere una profunda madurez, porque debes despojarte de tu ego. Requiere humildad para poder decirte a ti mismo en qué eres bueno y en qué no. Requiere coraje para afrontar la imagen que has construido frente a los demás, y que te da miedo traicionar. Requiere una profunda coherencia, para que lo que te dicen tu mente y tu alma se traduzca en un reflejo fiel de tus actos.

Yo me demoré cuarenta y dos años, veinte de ellos en la vida profesional, para reconocer realmente cuáles eran mis talentos, las alas con las cuales podría volar. Y debo aceptar que ni siquiera fui yo mismo quien detonó la reflexión interna que me llevó a encontrarlos.

Un día, me invitaron a dar una conferencia en el colegio de mi hija mayor acerca del uso adecuado de internet en los jóvenes. En Microsoft teníamos un material muy completo y serio al respecto, que yo complementé con un tema que me apasiona, y es el respeto por los demás. De ahí mi profundo desacuerdo con el *bullying*, en cualquier nivel y por cualquier medio, pero hoy cada vez más frecuente en las redes sociales. Llegó el día esperado y cuando terminé la conferencia, hubo un momento mágico que nunca olvidaré, pues detonó una crisis de vida que impulsó mi reinvención y, no menos importante, comenzó el autorreconocimiento de mis verdaderos talentos, de mis alas, que estaban escondidas, y si no las utilizaba se atrofiarían por el resto de mi vida.

Cuando las niñas estaban de pie aplaudiéndome —muchas de ellas porque encontraron un consuelo en mis palabras respecto al acoso que estaban viviendo— una profesora se levantó de la última fila y se acercó lentamente hacia mí. La recuerdo perfectamente: era de baja estatura, cabello blanco y corto, con una expresión de sabiduría incrustada en las arrugas de su cara. Cuando logró llegar a donde yo estaba, se dirigió a mí de forma pausada y entonó las palabras que se convirtieron en ese momento mágico que movió el aparentemente sólido piso de mi vida:

—Yo no sé realmente cuál es tu trabajo en Microsoft, no sé a qué te dedicas en realidad, pero te voy a decir una cosa desde el fondo de mi alma: cuando estás parado en un escenario hablándole a la gente, como el día de hoy, te brillan los ojos… Te brillan los ojos. Jamás traiciones tu destino.

Esas palabras resonaron en mí como cuando un martillo golpea un gong y las ondas gruesas y profundas continúan vibrando por varios segundos en tu interior. Ese día comenzó mi proceso de mirarme honestamente al espejo, para identificar cuáles eran mis alas, esas que no estaba utilizando para llegar a donde me lo propusiera.

La gente que ya ha reconocido sus talentos y tiene claro de qué es capaz pronto comienza a avanzar hacia sus metas y propósitos. Sin embargo, siempre me ha obsesionado entender por qué algunas personas creen que solo son capaces de volar hasta cierta altura, cuando otras, con alas de la misma envergadura, llegan bastante más alto. Es decir, no solo importa el talento que tienes, más importante aún es tu creencia de hasta dónde puedes llegar con él.

Por ejemplo, hay gente con talento para liderar, pero mientras unos se creen capaces de hacerlo en una compañía de quinientas personas, otros sienten que pueden con una de trescientas mil —como Microsoft—; unos creen que pueden liderar incluso un país entero, como Colombia o Ecuador, y otros sienten que pueden estar al frente de un país como

Estados Unidos o como China. Parece obvia esta reflexión, pero piensa por un instante: ¿Hasta dónde te crees capaz? ¿Cuál es el límite?

Reconozco que en ese momento mi autoconfianza ni siquiera daba para creer que era capaz de liderar Microsoft Colombia. En el fondo, tenía muy seguido esa idea. ¿Te imaginas lo que pudo haber pasado por la cabeza de una persona como Obama cuando se paró frente al espejo el día que decidió lanzarse a la presidencia de los Estados Unidos? Probablemente, se dijo: "Yo soy capaz. Yo voy a ser el primer presidente afroamericano de los Estados Unidos, y voy a cambiar la forma de pensar de más de trescientos millones de personas". No sé qué sientes al pensar en esto, pero a mí me abruma. ¿Cuál es la diferencia real entre Obama y cualquiera de nosotros? No es el talento, es el tamaño de confianza que ha tenido en él mismo; es su creencia de haberse sabido capaz de manejar el país más poderoso del mundo. Mi conclusión es que la autoconfianza no tiene límites y cada persona puede darle la envergadura que quiera. Y entre más grande sea, mayor será el alcance de nuestros actos.

Una de las razones por las cuales nuestra autoconfianza se queda pequeña es el fatal comportamiento que tenemos la mayoría de los seres humanos. Puede que tengas la capacidad de reconocer tus talentos y que en tu interior sientas que con ese talento puedes alcanzar y superar tus propósitos y metas, pero cuando, como el águila huérfana, te solidarizas con la mediocridad de las gallinas que te rodean, desechas todo el potencial que te dio la vida por el temor a ser impopular entre los demás.

Esto no es nada diferente de lo que he observado en las decenas de convenciones organizacionales a las que he asistido. Allí se proponen aquellos objetivos que los diferentes líderes y equipos internos deben comprometerse a alcanzar. Entonces, pensando solo en su beneficio individual, para poder cumplir y ganarse un bono, la gente comienza a presionar para que estos no sean tan altos. Sin embargo, con su actitud desconoce el potencial de mercado de los "océanos azules" —los segmentos de clientes no explotados, a los cuales se refieren W. Chan Kim y Renée Mauborgne en su libro *La estrategia del océano azul*— y las ineficiencias de la organización. Pero en el equipo siempre hay un águila huérfana, con unas alas gigantes, capaz de volar muy alto y de superar con creces los objetivos que se están proponiendo, pero que por no ser rechazada prefiere solidarizarse con las gallinas mediocres que la rodean; no presiona, no pelea ni se arma de coraje para argumentar por qué la organización sí es capaz de lograr más de lo que se está proponiendo.

El *bullying* no es nada diferente a un montón de gallinas mediocres y cobardes que cuando ven que un águila quiere volar la amenazan de excluirla de la manada. Si un niño es un águila en potencia, pero su autoestima es muy baja, no va a tener el valor para oponerse a las gallinas que lo amenazan; para demostrarles que hacer lo correcto o explotar sus talentos está muy por encima de pertenecer al gallinero. Un niño que termina consumiendo drogas o alcohol por influencia de sus amigos es un niño que tiene la autoestima tan baja que prefiere hacerse daño antes que ser excluido por las gallinas mediocres que los rodean.

Agustín Nieto Caballero, fundador del Gimnasio Moderno (mi *alma mater*) y quizá uno de los educadores más importantes del siglo xx en Colombia y Latinoamérica, se refirió en uno de sus memorables discursos de fin de año a esta tragedia de las malas influencias en la juventud. "El problema del enemigo no es que te convenza, sino que te contamine", decía. Tremenda reflexión.

La polarización de las sociedades y los países, hoy tan común alrededor del mundo, se debe, creo yo, a un porcentaje mínimo de gente convencida de sus creencias y posiciones, pero al mismo tiempo a un índice muy alto de gente que simplemente está contaminada por uno u otro argumento, aunque en el fondo no tenga pleno convencimiento de él. Nada más peligroso que una persona contaminada, porque la diferencia entre una persona contaminada y una convencida es que estas últimas reconocen los hechos y con ellos se forman sus propias opiniones.

Recientemente, tuve el placer y el privilegio de escuchar a Barak Obama en una conferencia, y en una de las valiosas apreciaciones que transmitió, dijo: "Tienes derecho a tener tus propias opiniones, pero no tienes derecho a tener tus propios hechos".

La gente contaminada hace de sus opiniones sus propios hechos. Creo que un impulsor de gente contaminada es la baja autoestima, porque es en esa posición cuando te refugias en los demás, sin tener el valor de defender tus propias convicciones.

Hace aproximadamente diez años asistí a una conferencia de Muhammad Yunus, Premio Nobel de Paz y creador del Banco Grameen para la gente de escasos recursos. En dicha conferencia, el nobel puso sobre la mesa una analogía absolutamente extraordinaria, que he utilizado como un claro ejemplo de la gente que, por su baja autoestima, no descubre el tamaño de sus alas, no se cree capaz de alcanzar lo que se propone y vive solidarizándose con las gallinas que la rodean. Le preguntaron en un panel cuál era su opinión sobre las personas de escasos recursos que, con talentos extraordinarios, siguen atrapadas en su entorno, y por lo tanto no sobresalen.

—Es simple —respondió el señor Yunus con esa seguridad que transmite un nobel—. La razón es que hemos hecho con ellos lo mismo que con los bonsái. Si usted pone una secuoya, un árbol capaz de crecer hasta cien metros de alto como lo hacen en California, en una maceta pequeña, la secuoya termina convirtiéndose en un bonsái, porque sus raíces se estrellan contra las paredes de la maceta, la cual no da paso a toda la capacidad que tiene de crecer. Entonces el árbol se queda pequeño, del tamaño del recipiente que lo soporta —dijo, con un tono nostálgico. Y con cierto aire de reclamo a todos aquellos que no hemos hecho nada para cambiarlo, agregó—: Eso es lo que hemos hecho con la gente de escasos recursos, la hemos puesto en macetas pequeñas, no le hemos dado las suficientes oportunidades. Entonces, aun teniendo capacidades y talentos extraordinarios, estas personas no han tenido el espacio para poder crecer y desarrollar todo su potencial.

Nunca imaginé la importancia que tendría en mi vida la herramienta que recibí ese día. Andamos por ahí, poniendo a los que nos rodean en macetas, unas pequeñas y otras grandes, con nuestros actos y palabras. Un buen líder es aquel que reconoce los talentos de la gente y encuentra la maceta correcta, que le dé paso a todo su potencial. La gente con autoestima baja es gente creciendo en macetas incorrectas, donde pierde la confianza en sí misma, donde sus talentos no pueden desarrollarse y, por lo tanto, dejan de creer en sus capacidades.

Yo creo firmemente que esa profesora que en el colegio de mi hija me dijo que me brillaban los ojos cuando estaba en un escenario, inspirando con mis palabras a los demás, me invitó a moverme de maceta, a una inmensa, con la tierra y el abono correctos para mis talentos; una maceta donde sí cabe un sueño de talla mundial, al contrario de la del mundo comercial, donde solo me sentía capaz de lograr pequeñas cosas.

Cuando tenía trece años, pasó por mi vida un hombre que dejó huella: Alberto Gerardino, profesor de español y un amante insaciable de la buena escritura. Tuvimos la oportunidad de escribir mucho en sus clases, en especial cuentos cortos. Un día que nunca olvidaré —y ya han pasado treinta y siete años— le mostré un cuento, y recuerdo cómo, con un tono de pleno convencimiento, me dijo: "Yo no voy a morir sin verlo a usted recibir el Premio Nobel de Literatura".

Hoy agradezco profundamente su confianza en mí, entiendo con humildad lo lejano que eso está en mi vida, y lamento haber defraudado (por ahora) a mi maestro. Pero solo quiero decir que pocas veces alguien me ha puesto en una maceta tan extraordinaria. A los trece años me puso a soñar con una meta grande, extraordinaria, más allá de los límites de mi realidad; en esa maceta por varios años creció libremente mi confianza, dándome el valor y el coraje para afrontar muchos de los momentos difíciles por los que he pasado.

Porque así es: los adultos, con unas pocas palabras y en un solo acto, podemos poner a las futuras generaciones en una maceta gigante, donde la autoestima encuentra todo los nutrientes y el espacio para crecer sin límites, o en una pequeña, de tierra desnutrida, donde solo crecerán personas incapaces de afrontar los retos que vendrán en la vida. ¿Te has preguntado a cuántas personas has puesto en macetas gigantes, como lo hizo conmigo ese maestro inolvidable? Porque crecer en una maceta grande es una de las formas de brillar, de producir esplendor, como el pavo real, y, sin lugar a duda, de dejar huella en la humanidad.

En mi trayectoria como consultor y *speaker* he acompañado a decenas de líderes y profesionales, quienes han tenido la confianza y la generosidad de compartir conmigo un sinnúmero de historias sobre cómo por sus vidas han pasado personas que a unos los han puesto en materas pequeñas y a otros en materas extraordinarias. Recuerdo particularmente una historia, cuyo protagonista me ha autorizado a compartirla para que sirva de ayuda a los demás. Él se encontraba en una discusión de carrera con su jefe y después de una larga y confusa conversación, cuenta que su jefe le preguntó:

—¿Pero usted realmente a dónde quiere llegar?

—Yo lo quiero reemplazar a usted, jefe —respondió con pleno convencimiento y seguridad.

—No, no, póngase serio. Usted sabe que eso nunca va a suceder —replicó con un tono absolutamente irónico y displicente—. De verdad, siendo realista, ¿a dónde quiere llegar usted? —puntualizó.

¿Se imaginan la maceta en que pusieron a ese hombre en ese momento? Lamentablemente, hay gente que, como producto de esta serie de comentarios, va perdiendo su valor y empieza a moverse de maceta en maceta, a una cada vez más pequeña y desnutrida, como quieren los demás.

Debo ser honesto al compartir que a mí me pasó todo lo contrario. Tuve varios jefes que generosamente me decían que les gustaría que yo los reemplazara, y a mí, en vez de entusiasmarme, tal reto me producía un miedo profundo. Aquí está demostrada la complejidad de la fábula del águila huérfana. Cumplir con autoconfianza una visión memorable no solo se trata de tener talentos y reconocerlos, de creerse capaz o de estar en la maceta correcta: deben suceder las tres cosas juntas y al mismo tiempo. Probablemente, yo tenía el talento para reemplazar a mis jefes y ellos creyeron en mí, pero yo no me creía capaz de hacerlo, aun sabiendo que tenía la capacidad y el apoyo de ellos. Hay tres elementos que soportan la autoconfianza y permiten que se dispare, para que puedas llegar muy lejos con tus talentos: reconocerlos, creer en ellos y estar en la maceta correcta, para que desarrollen todo su potencial. Si no están presentes estos tres elementos, la confianza en uno mismo no encuentra el ecosistema para crecer vigorosamente y sin límites.

Hay una analogía que me gusta mucho: el profesor Richard Lavoie, doctor de la universidad de Massachusetts, compara la autoestima con un juego de póker. Dice el profesor que el nivel de autoestima de un niño equivale a la cantidad de fichas que tiene un jugador de póker. Estas fichas son aquellas con las cuales los niños, pero también los adultos, enfrentamos los retos, los miedos y las oportunidades que aparecen en nuestra vida. Una persona que tiene muchas fichas de póker en sus manos toma más riesgos que una que tenga pocas, porque si se equivoca perderá algunas, pero no todas. Pero quien tiene pocas fichas la mayoría de las veces decide no apostar, no arriesgarse, por temor a perderlas todas y no tener con qué afrontar el juego de la vida.

Pasa exactamente lo mismo en el trabajo. Imagina a una persona con muchas fichas de póker en sus manos en el ámbito laboral. ¿Qué hace? Se arriesgará, intentará cosas diferentes, se postulará ante las oportunidades que se presenten, tomará el riesgo de moverse de posición, de país, de compañía, de estatus, incluso de profesión, porque si pierde tendrá más oportunidades. Pero el que tiene pocas fichas, es decir, baja autoestima, se arriesgará muy poco y, por el contrario, solo intentará actuar en aquellos casos en los que esté absolutamente seguro de que no fallará.

Las fichas se van acumulando con cada buen momento de la vida personal y profesional. Como cuando recibes un reconocimiento, cumples con tus objetivos, un cliente envía una nota de agradecimiento a tu jefe, la encuesta de clima interno de tu equipo es la mejor de la compañía, te ascienden, tu equipo te reconoce como el mejor jefe de todos, un ser querido dice que te ama, tus hijos son ejemplo para los demás y son admitidos en la universidad que querían, o cuando llegas a casa y te reciben con un abrazo. Todas estas experiencias cotidianas ponen más fichas de póker en tus manos. Pero así como llegan, las fichas también se van con facilidad en esos momentos pequeños y cotidianos de la vida, como cada vez que alguien pasa por encima de ti, que fallas en tus tareas, que recibes una mala retroalimentación o que no te tienen en cuenta. Y así como hay gente que anda por la vida poniendo masivamente fichas en manos de los demás, otra va quitando fichas de manera indiscriminada.

Hace siete años, cuando en mi reinvención decidí cambiar mi propósito de vida, sin quererlo me dediqué a poner fichas de póker en las manos de los demás, para contribuir a que lograran sus visiones memorables en los juegos de la vida y el trabajo.

Y tú ¿con cuántas fichas de póker cuentas? ¿Tienes claro si andas por la vida quitando o poniendo fichas en las manos de los demás? ¿Sabes qué cosas te suman fichas y cuáles te restan? Porque esto va a hacer la diferencia. Acercarte a todo eso que nutre tu autoestima y alejarte de todo lo que la destruye te va a permitir armarte de valor para sacar tus alas, esas que tienen listos tus talentos para salir volando hacia tu visión memorable.

Del tamaño
de la matera
será el árbol

Reinvención en el éxito

¿Te has preguntado alguna vez en qué momento han surgido las reinvenciones y transformaciones personales o de tu organización? Es preocupante que, por lo general, estas se dan cuando suena un campanazo que alerta peligro. Hay quienes lo escuchan y de inmediato inician su proceso de transformación; hay quienes no son capaces de oírlo y hay quienes lo hacen, pero lo desprecian. Hay centenares de ejemplos de personajes que no oyeron la alarma o se negaron a oírla, y por eso han desaparecido o terminaron pasando desapercibidos, pues al perder su brillo y esplendor no fueron seleccionados y se quedaron sin la capacidad de reproducirse para dejar huella.

Volvamos al ejemplo de las dos organizaciones que tratamos en el capítulo anterior: Microsoft y Starbucks. Después de casi cinco décadas, ambas continúan siendo relevantes, con un brillo y un esplendor que las hacen seleccionables. Pero ambas han tenido crisis profundas, tanto en lo corporativo como sus líderes en su vida privada.

En el caso de Microsoft, es bastante conocida la crisis en la cual duró cerca de una década. En esos años, su acción prácticamente no se volvió a mover del rango de los 25 dólares; mientras tanto, aparecían competidores sólidos como Google, Apple y Amazon, cuyas acciones crecían de manera vertiginosa. Yo viví y presencié esa crisis desde adentro, y puedo afirmar que fue la incapacidad de reinvención de quien era el CEO durante esa época lo que llevo a la organización a aquella difícil etapa. Steve Ballmer no fue capaz de cambiar la fórmula que hizo exitosa a Microsoft en sus primeros años, que consistía en adueñarse de la plataforma tecnológica y desde ahí cerrar las puertas a cualquier competidor. Ni siquiera con la demanda antimonopolio aprendió la lección, pues años más tarde él sería el más obstinado al rechazar y desconocer el éxito de Apple, específicamente del iPad y el iPhone.

Solo cuando Ballmer se retiró de la organización y las unidades del sistema operativo de Apple superaban los 350 millones, su nuevo líder, Satya Nadella, logró por fortuna reinventarla, entendiendo que el negocio ya no era la plataforma operativa, sino las aplicaciones en la nube. Así, la primera instrucción y decisión del nuevo CEO fue dar prioridad y urgencia al desarrollo de Office, el producto estrella de Microsoft, para iPad. Tras muchas estrategias de reinvención, hoy, después de una década, Microsoft vuelve a disputarse con organizaciones como Apple y Amazon la posición n.° 1 como la compañía más valiosa del mundo.

Starbucks, más allá de todos los éxitos que constantemente se oyen de esta organización y de ser ejemplo en múltiples academias del mundo, ha tenido crisis y se ha visto obligada a cerrar decenas de tiendas y a despedir a miles de personas, como les pasa a casi todas las organizaciones con visiones memorables. Lo destacable es su capacidad de reinvención en el éxito, porque se ha anticipado sistemáticamente a la mayoría de sus crisis. Quizá la anticipación más ejemplar está consignada en el libro de su propio creador, Howard Schultz: *Onward: How Starbucks Fought for Its Life without Losing Its Soul.* Allí Schultz cuenta que cuando estaba escribiendo el libro se preguntó cómo podría seguir expandiendo y haciendo sostenible un negocio que, mientras crecía y maduraba, ponía en riesgo su viabilidad. Solo con habérselo cuestionado, solo con preguntarse cómo crecer y hacer sostenible la empresa sin perder su alma ni su esencia, generó la reinvención necesaria para que la organización siguiera teniendo el brillo y el esplendor que hoy produce para sus clientes.

Acá está documentada la característica de este pilar: la reinvención en el éxito. Hay quienes no solo son capaces de oír las campanas de alarma, sino que incluso las pueden prever. Y quienes tienen esta capacidad, quienes cuando están en la cima reconocen que lo que los hizo llegar hasta ahí no necesariamente los va a mantener en el éxito, son quienes realmente brillan, producen esplendor y mantienen su capacidad de hacerse seleccionables. Son muy pocos los que se reinventan en la crisis y, como Microsoft, tienen la capacidad de recuperarse. Porque la mayoría de las veces es demasiado tarde, y entonces termina pasando lo que le sucede a un avión cuando pierde la sustentación. Los expertos lo describen como el punto en el cual el ala supera su ángulo de ataque crítico; puede ocurrir a cualquier velocidad, en cualquier altitud, con cualquier ajuste de potencia y a cualquier avión. ¿No es un buen ejemplo el de un avión muy grande y poderoso, el que más lejos y alto volaba, y que estando en la cima cae? Eso le sucedió, por ejemplo, a BlackBerry, que no supo reinventarse y cayó en barrena: en pocos meses pasó del 99 % al 0 % de participación de mercado.

Por eso, creo firmemente que quienes se hacen seleccionables son aquellos capaces de anticiparse y de reinventarse aun en el éxito, porque entienden el riesgo de perder la sustentación como consecuencia de intentar reinventarse en el fracaso.

Para reinventarte tendrás que identificar esas vacas que te mantienen en tu zona de confort, esas vacas con las cuales vives tranquilo, con lo mínimo que necesitas, pues justamente esa comodidad es la que te impide crecer y salir de aquella zona peligrosa y frágil en la cual vas perdiendo el brillo.

La reinvención no puede darse cada vez que detectas un peligro, y mucho menos ocasionalmente. Debe ser constante, de manera que te permita adaptarte al ambiente. La adaptación incluso debe ocurrir varias veces al día, como lo hace el camaleón cuando se camufla para protegerse, adaptándose al entorno en el que habita.

La reinvención debe ser motivada por el entendimiento profundo de que el tigre no se come al que va más lento o más rápido, simplemente se come al que está más atrás y, por lo tanto, se encuentra más cerca de sus garras. El espíritu competitivo que genera esta comprensión entonces mueve tu reinvención y hace que cada mañana te despiertes con ganas de ponerte los tenis para correr más rápido que los demás.

Por último, quienes se reinventan en el éxito tienen la capacidad de desafiarse constantemente; pero lo hacen ellos mismos, no esperan a que lo hagan los demás: no esperan a que lleguen las advertencias, no permiten que los otros sean quienes cuestionen sus actos sin haberse cuestionado ellos primero. Es decir, quienes tienen la poderosa capacidad de meter un tiburón en su propia piscina.

La flexibilidad
de la vaca

Cuenta la leyenda que un monje y un discípulo andaban por el campo tomando lecciones de vida. En su camino, se encontraron una vaca, la cual se hallaba en una amplia pradera, rodeada por montañas que encerraban un valle que inspiraba una profunda tranquilidad. No muy lejos de la vaca, cobijada con orillos de árbol, se encontraba una cabaña rústica de un solo piso, con techo de paja y de un tamaño que a duras penas podría albergar a una familia. El monje y el discípulo golpearon tímida y respetuosamente en la puerta de la cabaña. Después de unos pocos minutos, se abrió y tras ella apareció una pareja con sus dos hijos, que saludaron amables a los inesperados visitantes. La pareja y los niños vestían ropa de trabajo, la cual se percibía trajinada por el diario vivir en el campo. Tras la cotidiana presentación, el monje explicó que el propósito de su visita se debía a que estaba enseñando a su discípulo lecciones de vida a partir de momentos cotidianos, entonces preguntó a sus anfitriones:

—Nos gustaría saber ustedes cómo viven: ¿Cuál es su fuente de vida y sostenimiento como familia?

—Nosotros vivimos aquí absolutamente felices, en medio de la nada, rodeados de esta hermosa naturaleza, colmada de calma —respondió el granjero, con mucha seguridad y aparente orgullo, mientras con sus manos extendidas señalaba el abrumante paisaje que los rodeaba—. ¿Ve esa vaca que esta allá? Esa es nuestra fuente de supervivencia —prosiguió—. Todos los días le sacamos dos litros de leche, nos tomamos uno y el otro lo vendemos en el pueblo; con ese dinero compramos la comida del día y así vivimos felices, sin más ambiciones y pretensiones, conviviendo con la naturaleza y las cosas simples que nos rodean.

La conversación transcurrió de forma amena: el monje y el discípulo tratando de comprender cómo esa familia vivía plenamente, y sus anfitriones, orgullosos, compartiendo su sencillo modo de vivir la vida. Tras unas horas de conversación el monje y el discípulo partieron de regreso hacia sus hogares.

En la mitad del camino, el discípulo interrumpió el profundo silencio en el que iban:

—Maestro, esta lección no la entendí —dijo con desilusión.

—Es que aún no te la he dado. Regrésate y toma la vaca, sácala del corral y asegúrate de que se pierda. Que nunca más la vuelvan a encontrar.

—¿Es broma? —preguntó sorprendido el discípulo—. ¿Cómo se le ocurre, si viven de la vaca?

—No te preocupes, confía en mí y vas a aprender una gran lección —contestó el maestro.

El discípulo se regresó, y con un inmenso sentimiento de culpa, pero soportado en la gran confianza y credibilidad que le inspiraba su maestro, tomó la vaca y con cuidado la arrastró, sin que sus dueños se dieran cuenta; la llevó a otro valle y la puso al borde de una ladera, obligando a la vaca a bajar hacia un bosque, donde, estaba seguro, sus dueños jamás la encontrarían.

Con la mano en el corazón, arroyado por su acto, regresó donde el maestro a paso firme. Llegó ante él devastado por la injusticia que, a la luz de sus valores, había cometido. Su maestro lo recibió con tono confiado, seguro de que había hecho lo correcto:

—No te preocupes, algún día vas a aprender la lección —le dijo.

Años después, el maestro le propuso al discípulo retomar la lección. Regresaron entonces al sitio exacto donde aquella vez habían conocido a la familia y a la vaca que ellos mismos habían desaparecido.

Con sorpresa, se toparon con una granja absolutamente tecnificada, con riego por goteo, cercas eléctricas, alumbrado, alcantarillado y centenas de vacas comiendo de unos pastizales homogéneos y nutritivos. La cabaña era ahora una planta de dos pisos, con un diseño por completo amoldado al ambiente natural donde se hallaba, dotada de energías limpias que suministraban todo lo necesario para la granja, que ahora era una clara muestra de progreso.

Cerca de ese nuevo edificio que antes había sido una rústica cabaña, y entre una decena de trabajadores, de repente se encontraron con la pareja que años atrás los había acogido. Con la misma generosidad del pasado, los saludaron calurosamente.

—¿Ustedes se acuerdan de nosotros? —preguntaron sorprendidos el monje y el discípulo.

—¿Cómo creen que nos íbamos a olvidar de ustedes? El día que ustedes vinieron nuestra vaca se perdió.

El discípulo buscó los ojos del maestro, como queriendo mostrarle que tarde o temprano los iban a descubrir. El maestro ignoró la mirada inquisidora de su discípulo y, en forma calmada y reflexiva, les preguntó:

—Y entonces, ¿qué hicieron?

—Como la vaca se perdió, nos tocó reinventarnos para encontrar una manera de poder sobrevivir —contestó el señor, alegre, con cierto tono de agradecimiento y júbilo—. Y acá estamos, igual de felices, pero con más progreso y proyección para nosotros y nuestros hijos.

"¿Cuál es mi vaca?". Esa es la pregunta que vas a tener que contestarte, profunda y sinceramente, si quieres reinventarte en el éxito. ¿Qué es eso que no te deja crecer ni progresar, que te mantiene en tu zona de confort y te impide reinventarte?

Camilo Cruz desarrolló un libro completo alrededor de esta historia. Es tan poderosa que te permite mirarla desde varios puntos de vista: desde los conformismos, desde las excusas y desde la complacencia, entre otros, y Camilo lo hace de una forma muy completa y profunda en su libro *La vaca*. Yo, por mi parte, quiero dar sustento a la teoría a partir de mis vivencias; para eso me referiré a tres ejemplos claros que muestran cómo, cuando eres capaz de deshacerte de tu vaca, destapas una fuente de crecimiento y abundancia inimaginable.

El primer ejemplo lo conocí gracias a uno de mis clientes, cuando compartí con el líder de la organización a la que él pertenecía, y con más de trescientas personas de la misma compañía, la conferencia que inspiró este libro. Al terminar, él se acercó con entusiasmo a trasmitirme sus apreciaciones. Me llamó la atención una en particular, que justo era el fiel ejemplo de saber identificar una vaca a tiempo y deshacerse de ella correctamente: de forma planeada, estructurada y estratégica.

Me contó ese líder que su negocio de tecnología estaba enfocado en herramientas de comunicación, y en especial en conectividad satelital. En Colombia, su principal cliente era la empresa de telecomunicaciones más grande del Estado, la cual peleaba vigorosamente para mantenerse en el mercado contra las multinacionales que habían llegado con la clara intención de hacerse líderes en participación. Esta compañía proveía a la empresa estatal una solución de conectividad satelital muy tecnificada y compleja, en lo cual ellos eran expertos. Como era obvio, más del 95 % de sus ingresos venía de este gran cliente. Pero cinco años atrás, en una planeación estratégica, habían concluido que esa dependencia implicaba un alto riesgo para su compañía, y que, al precio que fuera, debían afrontarlo y solucionarlo. Así que se hicieron la pregunta correcta que uno debe hacerse cuando su sustento depende por completo de una vaca: ¿Qué haríamos como compañía si no tuviéramos a ese cliente?

—Hace tres meses tuvimos una reunión que llevábamos esperando cinco años, desde esa sesión de planeación donde inició nuestra reinvención —me dijo el líder, demostrando un enorme orgullo—. Nos llamaron de este gran cliente, del cual cinco años atrás nuestros ingresos dependían prácticamente por completo, y el presidente de turno nos comunicó lo que habíamos previsto: "Queremos, primero que todo, manifestarles nuestro profundo agradecimiento por todos estos largos años que nos han servido como proveedores y aliados de negocio. Tristemente, nos vemos obligados a hacer nuestra operación más eficiente para poder competir en este complejo mercado. Por esta razón, queremos comunicarles que ya no vamos a necesitar más de sus servicios, porque hemos encontrado una solución similar en China, que es mucho más conveniente para nosotros. Como sabemos que ustedes dependen en su totalidad de nosotros, estamos apenados y preocupados, por ustedes, que han sido unos proveedores extraordinarios, pues sabemos que esto los puede poner en alto riesgo. Pero, lamentablemente, así es el mundo de los negocios".

—Por el contrario, nosotros también estamos muy agradecidos con ustedes, porque nos dieron muchos años de sustento —cuenta mi cliente que respondió—, pero como ya sabíamos que esto iba a pasar algún día, llevamos cinco años preparándonos, explorando nuevos mercados y oportunidades; como fruto de ello, hoy ustedes no representan sino el 5 % de nuestras ventas. Por lo tanto, esta decisión de ustedes no pone en riesgo a nuestra compañía; por el contrario, es importante que sepan que, con los servicios que ofrecemos hoy, nos vamos a encontrar allá afuera en el mercado, pues estamos en capacidad de ser sus más serios competidores.

Este es un magistral ejemplo de cómo identificar una vaca —una fuente de sustento e ingreso tan potente, que no te da tiempo de pensar en más— y deshacerse ordenada, pero estratégicamente, de ella.

La magia de esta historia, reitero, radica en haberse hecho la pregunta poderosa: ¿Qué haríamos si no tuviéramos este cliente, este producto, este segmento, este mercado? No se trata de deshacerse literalmente de ellos, se trata de crear nuevas oportunidades y fuentes de crecimiento. Así, esta vaca metafórica dejará de ser esa barrera que, al mantenerte en tu zona de confort, te impide reinventarte e imaginarte en el éxito.

Creo que deshacerse de la vaca es profundamente difícil, pero imprescindible para la supervivencia de las organizaciones. Así lo demuestra el segundo ejemplo que quiero contar. Yo entré a Microsoft en 1995 y para ese entonces los dos grandes productos que traían el 80 % de las ventas eran Windows y Office. De hecho, fui parte del exitoso lanzamiento de Windows 95 y Office 95: la época de oro de la organización, pues la gente hacía fila en las tiendas para comprarlos, y las grandes compañías actualizaban sus versiones masivamente. Durante los dieciocho años que trabajé en Microsoft, Office y Windows fueron siempre las vacas lecheras, que proveían los ingresos para invertir en el desarrollo de otros productos y soluciones. Si tú cumplías con las metas de estos productos, tenías un buen año, pero si no lo hacías, así te excedieras en los otros productos, era un año desastroso.

Deshacerse de esas vacas lecheras era un reto enorme. Para 2010, en el mercado ya se comenzaba a hablar de "arrendamiento de *software*" en lugar de venta de licencias. En términos prácticos —para simplificar este complejo mundo del licenciamiento—, la diferencia consistía en cobrar 10 dólares mensuales por una licencia en vez de venderla en 300 dólares. Si enfrentas cualquier persona a este dilema estratégico —porque eso es estrategia, escoger—, diría: "Pues, simple, hay que arrendar, porque es claro que los clientes van a preferirlo". Pero veamos algunos cálculos simples: un gerente de cuenta, que tenía que reportar 300 000 dólares en Office en un mes, con el modelo de venta de licencias debía negociar con 1000 usuarios. No obstante, en el modelo del arriendo, tendría que convencer a 30 000 usuarios de comprar el producto; es decir, si querías mantener tu nivel, debías vender treinta veces más, lo que implica un crecimiento del 2900 %. ¿Se imaginan el reto? Pasar de vender a arrendar licencias no era una decisión fácil: matar la vaca de las licencias a 300 dólares representaba un alto riesgo para la organización. Yo me retiré en el momento exacto en el cual Microsoft tomó la decisión de irse a la nube, que era la forma en la que se implementaría el modelo que permitiría pasar de vender a arrendar licencias.

Otra de las fuentes de ingresos más grandes de la compañía era la actualización del sistema operativo, porque cada vez que salía al mercado una nueva versión de Windows los clientes debían comprar una nueva licencia. Pero llegó la presión de Linux, un sistema operativo gratuito que tuvo una gran acogida en el mercado. Si ustedes me preguntan sobre retos de mercado, este es uno de los más grandes: competir contra un producto que no solo tiene un precio menor, sino que es gratuito. ¿Se imaginan cómo sería competir contra un profesional que regala sus servicios, contra un restaurante que regala la comida, contra un concesionario que regala sus autos? Aunque suene absurdo, eso fue lo que enfrentó Microsoft con la llegada del *software* libre.

Pero esa gran organización fue capaz de deshacerse de sus vacas, reinventarse y continuar siendo el líder indiscutible del mercado. Cuando Microsoft lanzó Windows 10, ofreció la actualización gratis para todos sus usuarios y, a la fecha, su fuente de ingreso más importante proviene del arrendamiento de *software* en la nube, en especial Office 365. Si Microsoft no hubiera sido capaz, no hubiera tenido el coraje ni se hubiera arriesgado a deshacerse de sus dos vacas más gordas —la venta de licencias *on premise* y la venta de actualizaciones de su sistema operativo—, me atrevo a pensar que no ostentaría la relevancia y el impacto que hoy tiene. Gracias a su tremenda capacidad de reinventarse en el éxito, en marzo del 2019 Microsoft volvió a ser la compañía de mayor capitalización de mercado en el mundo.

El tercer ejemplo viene de mi vida personal. Debo confesar lo difícil que fue para mí aceptar que mi vaca era mi empleo, y que esto derivó en una crisis en la mitad de mi vida. Yo tuve una carrera larga y con muchos movimientos: prácticamente cada dos años cambié de posición y en cada cambio de cargo recibía un aumento salarial. Así que siempre tuve una compensación económica supremamente generosa, la cual venía complementada con la posibilidad de ahorrar y de que la compañía contribuyera a ese ahorro como parte de los beneficios que ofrecía, entre ellos, el acceso a *stock options*, una modalidad de compensación, pero también de retención, muy común en el sector de tecnología.

No puedo sino aceptar con agradecimiento y humildad que, durante esos dieciocho años, estuve tan bien compensado salarialmente en mi trabajo que con mi esposa nos pudimos dar el lujo de que ella trabajara solo medio tiempo, para que la otra mitad pudiera dedicarse a lo que considerábamos nuestra gran prioridad: la formación de nuestros hijos. En varias ocasiones tuvimos la holgura suficiente para poder pagar los colegios de los niños por adelantado y siempre viajamos a los lugares que quisimos. Es claro que mi salario nos mantenía en una zona cómoda, sobre todo, porque a medida que avanza el tiempo, por alguna razón uno empieza a sentirse más seguro y con menos riesgo de ser despedido. Lo cual es equivocado, porque hoy en día las organizaciones deben tomar decisiones difíciles, sin importar el costo que tengan para su gente, tanto en dinero como en pérdida de conocimiento y experiencia.

Así que, en lo económico, estábamos en una zona de confort, alimentados por una vaca que para los demás era obvia, pero que en lo personal resultaba difícil identificar. Yo diría que mi crisis comenzó dos años antes de retirarme. Fueron varios los factores que me llevaron a tomar esa decisión. Uno de ellos fue la profesora que me dijo que cuando estaba en el escenario me brillaban los ojos, anécdota que compartí en "La autoconfianza del águila". Ese momento de reflexión fue profundo, no solo porque me invitó a pensar en dónde sería laboralmente más feliz, sino que me permitió entender que ya los ojos no me brillaban en mi trabajo, pues había perdido la pasión. En ese mismo capítulo mencioné otro factor: yo no me creía capaz de reemplazar a mi jefe, y este reto no me producía ningún tipo de motivación. Sin lugar a duda, otro factor fue entender que mi confort económico me tenía atrapado en lo que se denomina la "jaula de oro" (en el capítulo que he titulado con ese nombre explicaré de qué se trata esta prisión sin aparente salida).

Otro factor fue la desconexión con el propósito organizacional. Durante muchos años, la compañía había desarrollado campañas internas donde se comunicaban los valores organizacionales, así como el propósito. Recuerdo uno con mucho afecto que rezaba: "Realize your full potential". Eso me conectaba, me hacía sentir orgulloso de trabajar ahí, pero desafortunadamente en la época en que inició el verdadero reto para Microsoft, ya no hablábamos de eso; la mayoría de las conversaciones eran acerca de cómo lograr los objetivos al costo que fuera. Así que comencé a desconectarme del propósito organizacional y, como consecuencia, perdí ese norte que fija una visión memorable.

El último hecho que se sumó a aquella cadena de factores fue el descubrimiento personal de cuánto me gusta ayudar a los demás, creer en la gente y servir incondicionalmente a un cliente. Recuerdo con humor una anécdota que describe a la perfección esta postura con la que andábamos obsesionados en la organización, y que me terminó de desconectar de ella, pues ya ni si quiera tenía la sensibilidad para servir y solucionar los problemas de los clientes. Era el año 2010 y para entonces ya habíamos comenzado a vender soluciones de correo electrónico que funcionaban 100 % en la nube. Un producto en especial atractivo para la pequeña y mediana empresa, pues por lo general estas no contaban ni con los recursos ni con la sofisticación necesaria para implementar un servidor de correo local.

Un buen día amanecimos en una crisis de disponibilidad tecnológica, si mal no recuerdo, en toda Latinoamérica: todos los servidores de correo en la nube estaban caídos y, tras un proceso de auditoría, se encontró que el problema se había originado en una compañía ubicada en el famoso parque de la 93 en Bogotá. Se organizó un grupo de crisis y este llegó a la conclusión de que podría tratarse de unos *hackers*, incluso de un ataque terrorista cibernético, por la dimensión del número de países y usuarios impactados. Me llamaron a mí y me dijeron que el cliente pertenecía justo al segmento del cual yo era responsable.

—Usted no puede hablar ni comunicarse con ellos por ningún medio —me dijo el líder del equipo de crisis, que se encontraba en Miami—. Vamos a ir con las autoridades a esas oficinas. Estos clientes suyos pusieron en grave riesgo a Microsoft —agregó.

—No les mande las autoridades, déjeme tratar de hablar con ellos, para ver qué pudo haber pasado —propuse yo incrédulo, pues en el fondo no podía imaginarme a unos *hackers* terroristas operando desde una de las zonas más lujosas de la ciudad, y mucho menos que un colombiano tuviera la capacidad de infiltrar la infranqueable seguridad de una compañía como Microsoft.

—Ni se le ocurra, será una falta grave y tendrá asimismo graves consecuencias para usted — me ordenó, aireado y amenazante.

—Bueno, será un buen motivo para que me despidan —repliqué, pues seguía incrédulo frente a esta situación, y además ya andaba desenganchado emocionalmente.

Entonces, sin compartir la decisión con mi jefe, tomé mi carro y me fui para donde los famosos *hackers*. Cuando llegué a sus oficinas y me anuncié en la recepción como un representante de Microsoft, oí desde el fondo del teléfono una euforia que se mezclaba con pequeños gritos y aplausos. Por un instante, comencé a pensar que mi jefe tenía razón, y que podía estar poniendo en riesgo mi vida, pues los personajes que en esa oficina estaban celebrando mi llegada, y que habían autorizado que entrara, probablemente me iban a retener. (Es importante anotar que esa fue la época de mayor inseguridad que hayamos vivido en el país, el secuestro era el pan de cada día y nuestra paranoia, permanente.) Para mi sorpresa, después de dos minutos infernales en el ascensor, me abrió la puerta de la oficina una señora de unos setenta años, de cabello blanco y unas gafas de fondo de botella. Detrás de ella había otra señora igualita, que parecía su hermana gemela, y fue ella quien amablemente me invitó a seguir, y me recibió con un abrazo como si yo fuera un salvador. En la oficina, no había nadie más, solo esas dos *hackers* terroristas, disfrazadas de viejitas inofensivas.

—Gracias a Dios usted vino, nos están mandando un montón de correos diciéndonos que nos van a demandar por haber infiltrado los servidores de Microsoft —decía una.

—Dicen que es una falta que atenta contra la ley federal de los Estados Unidos… —se apresuraba a decir la otra, tratando de desahogar la angustia que tenían por la crisis tecnológica que ellas habían desatado en esa oficina.

—Señoras, cálmense por favor, déjenme tratar de entender qué fue lo que paso —les dije—. ¿Qué fue lo que ustedes hicieron?

—Nada, nada. Simplemente les mandamos un correo con un video a nuestros afiliados, y el computador comenzó a devolvernos un montón de correos con errores. La cosa fue empeorando cada vez más, hasta que comenzaron a llegar esos mensajes amenazantes.

Las supuestas *hackers*, en efecto, solo habían enviado un correo con un video que duraba como media hora, el problema fue que se lo habían enviado a una lista de 35 000 personas, que era el número de afiliados a la organización que ellas representaban. Obviamente, en la nueva estructura en la nube que hasta ahora estábamos desarrollando en Microsoft, un correo de esas dimensiones hizo colapsar el sistema. Pero era claro que no se trataba de una infiltración maliciosa a los servidores de la compañía y mucho menos de un ataque de *hackers* terroristas operando desde la zona más lujosa de la ciudad, como lo habían advertido.

Después de todo, no fui despedido; por el contrario, mi jefe y sus superiores reconocieron mi orientación al servicio y que mi desobediente coraje fue lo que permitió enfrentar un problema grave, pues puse primero la satisfacción de nuestros clientes. Para aquel entonces, esa anécdota cayó como anillo al dedo en la organización, pues estábamos iniciando el camino de volvernos una empresa centrada en el consumidor.

Retomando los motivos por los cuales decidí reinventarme, debo decir que ya había perdido la pasión, ya no me brillaban los ojos, me encontraba atrapado en la jaula de oro, no me sentía capaz de crecer en la organización, me estaba desconectando de su propósito y conectándome con uno nuevo, que era servir a los demás. Así que se me agotaban las posibilidades, estaba desgastado y eran varios los factores que me desanimaban y me alejaban de querer seguir trabajando en Microsoft.

Para ese entonces, en un viaje a una convención en los Estados Unidos, encontré en la revista del avión un artículo que pronto me atrapó por su simpleza, pero también por su profundidad, y precisamente contaba la historia de la vaca. En ese estado de reflexión en que te pone un viaje largo de avión, con esa paz interior que produce el silencio a 35 000 pies de altura, llegué a la simple pero importante conclusión de que mi empleo era mi vaca. Concluí que me daba ese confort económico que no me permitía reinventarme, explorar nuevas opciones, nuevas formas y modelos para producir los ingresos que requería para vivir, pero igual de importante aún, era una zona de confort que no me estaba dejando realizarme profesionalmente.

Así que empujé la vaca, y tras el ofrecimiento de un amigo de empezar un emprendimiento, y con el apoyo de unos generosos inversionistas, tomé la decisión de retirarme de Microsoft para crear mi propia empresa, después de haber vivido dieciocho años extraordinarios en el que fue mi segundo hogar.

Si el monje y el discípulo me hubieran buscado hace siete años para preguntarme cómo era mi estilo de vida, y volvieran a visitarme hoy para ver qué sucedió conmigo sin la vaca, encontrarían una reinvención total. Encontrarían a una nueva persona que ya no vive en la comodidad de un entrada fija de dinero, sino que vive tranquila en la incertidumbre, con algunos meses de abundancia y otros de escasez. Encontrarían a un profesional dedicado a un nuevo oficio, inspirando y movilizando a gente y organizaciones para que sean mejores cada día. Encontrarían a alguien con alma de empresario, ya no de empleado, porque ahora veo oportunidades en todos lados. Encontrarían que quien solía pasar ocho horas diarias entre su puesto de trabajo y reuniones en la oficina, ahora pasa el 90 % del tiempo en la calle, incluso sin oficina, porque mis lugares de trabajo son el escenario, las oficinas de mis clientes y cualquier café que se me atraviese por el camino. Encontrarían a un ser humano movido por la gente, y no por las cuotas de mercado o de negocio. Encontrarían a un pavo real completamente diferente, con su plumaje renovado.

Por eso, no hay nada más poderoso que, como en los tres casos que he compartido, identificar cuál es tu vaca y armarte de valor para poder deshacerte de ella, o siquiera imaginarte qué harías si algún día dejara de existir, para iniciar tu reinvención. Nada más relevante que concederte el permiso de salir de la zona de confort para darle paso a un nuevo escenario, un nuevo mercado o un nuevo cargo, donde tus talentos y capacidades te abrirán paso a una segunda oportunidad de vida.

Entonces, ¿qué estas esperando para encontrar tu vaca y empujarla?

La adaptabilidad
del camaleón

Me pagaron un salario generoso para aprender lo que, estoy seguro, no enseñan en ninguna universidad del mundo: eso creo respecto a mi experiencia en esa escuela inigualable que fue Microsoft. Yo particularmente aprecio más a la gente por su experiencia que por sus títulos, pues quien tiene experiencia ha logrado llevar a la vida cotidiana todas las teorías que nacen en el seno de la academia. Por ejemplo, en la universidad te pueden enseñar cómo debes despedir a un empleado, pero jamás lograrán explicarte lo que sientes la primera vez que tienes que pedirle un viernes a las seis de la tarde a una persona que se vaya, dándole solo unos pocos minutos para que retire sus cosas personales, y así evitar poner en riesgo a la organización. Jamás lograrán transmitirte el sentimiento de ese encuentro con quien ha sido un colaborador o un compañero de trabajo, aun cuando su despido sea totalmente justificado.

En mi vida corporativa recibí muchas lecciones magistrales, de esas que jamás aprenderás en un posgrado. Pero una de ellas en particular fue la que encajó un mentor en mi mente sobre lo que es ser un verdadero líder, capaz de adaptarse y movilizar el cambio.

—Debes ser, como un camaleón, que aunque vaya cambiando de color de acuerdo con el entorno donde esté, en esencia jamás dejará de ser lo que es, un camaleón.

Llevo años tratando de ser un camaleón, y debo reconocer que es probablemente uno de los retos más difíciles que he tenido como líder cuando trato de inspirar a mi equipo o de movilizar a los demás.

El camaleón, cuando está sobre la tierra, se pone café; cuando está en el agua, se pone azul, y cuando está en el pasto, se pone verde. Utiliza esta técnica para camuflarse y esconderse de su enemigo. Tiene la capacidad de adaptarse a cualquier entorno y de integrarse a él, complementándolo y embelleciéndolo con su espectacular presencia. A pesar del color que tome o del entorno al cual se adapte, jamás deja de ser camaleón, nunca pierde su esencia.

Entendí la analogía y la lección que quiso infundirme mi mentor, pero ¿cómo llevar esta teoría a mi vida laboral cotidiana? Se lo pregunté con un profundo entusiasmo, esperando oír su explicación.

—Te lo voy a explicar tomando como ejemplo un día de trabajo de uno de los líderes más reconocidos en el mundo corporativo: Jack Welch, expresidente de General Electric —me respondió con su tremenda elocuencia. Y la historia, que reproduzco a continuación, quedó incrustada en mi ADN laboral.

Imaginémonos un día normal en la vida de Jack Welch, el presidente de una de las compañías más grandes y relevantes del mundo. Mientras desayuna, su hijo se acerca a la mesa disfrazado de Spiderman, alza sus manos, apunta con firmeza y lanza una telaraña imaginaria para atrapar a su padre, distraído con la agitada agenda del día.

—Hola, Spiderman, ¡me atrapaste! Pero no vas a poder salirte con la tuya —le dice, imitando la voz de algún villano, para que sienta que también está metido en el juego.

Mal haría Welch en contestarle a su hijo:

—Mira, ahora no tengo tiempo para esas bobadas de los superhéroes, tengo problemas más importantes. Vete mejor a jugar con tu hermano.

Si lo hiciera, con el tiempo perdería la conexión con su hijo. Así que, en esa primera interacción matutina, antes de irse a la reunión de la junta directiva de las ocho de la mañana, Jack Welch debía ser capaz de ponerse en el traje del villano para conectar con su hijo.

Cuando termina de desayunar, y tras lograr escaparse de Spiderman, llega el chofer a recogerlo. Pero él no puede subirse al carro con el traje de villano: debe ponerse el traje del ser humano común y corriente, que es capaz de hablar y conectar con el conductor.

—¿Qué hubo, James? ¿Cómo nos fue en el partido de anoche? Es que no tuve tiempo de verlo.

En la oficina, lo espera la junta directiva, por lo tanto desde el instante en que se baja del carro debe quitarse el traje de la persona cotidiana que habla de deportes o de la última serie que está viendo. En ese momento, debe ponerse el traje del estratega, del ejecutivo. Tiene incluso que caminar diferente, con la postura y el paso de un ejecutivo de su nivel. Y al llegar a la sala de juntas, tampoco puede hablarles a los asistentes a la reunión con jerga cotidiana, ni preguntarles por el partido de la noche anterior. En ese lugar, el lenguaje que se usa debe ser totalmente diferente: pausado, asertivo, y cada cosa que diga debe ser o parecer importante e inteligente. Una palabra o un gesto desatinados afectarán el ambiente y la credibilidad.

Cuando termina la reunión, debe dirigirse a la fábrica a verificar una máquina que estaba fallando. Entonces debe quitarse ese traje de estratega inteligente y ponerse el de la persona empática, afable, conectada con los operarios de la fábrica, que sin lugar a duda usan otras expresiones, tienen otro tono y piensan diferente de los miembros de la junta. Si les habla a ellos de la misma manera en que lo hizo en la reunión, no va a poder comunicarse asertivamente con los operarios de la máquina, y es probable que estos no se abran ni le cuenten la verdad de lo que pasó con ella.

Cuando logra conectar con los operarios y solucionar el problema en la fábrica, vuelve a su oficina y la secretaria le informa que en las oficinas de Recursos Humanos hay un empleado a quien hay que despedir de inmediato, pues acaban de comprobar en una investigación que robó dinero. Entonces, debe quitarse el traje de persona empática, cercana y amable con el que trató con los operarios. ¡Tiene que llegar furioso! Con el nuevo traje de persona que a ningún precio va a permitir que haya faltas de ética y honestidad en la organización, camina visiblemente molesto por los corredores para que la gente vea que él no va a permitir faltas de este tipo.

En la oficina de Recursos Humanos, con respeto, pero con firmeza, tiene que subir la voz para demostrar que no es permisivo con la deshonestidad. Cuando está en medio de eso, la secretaria le informa que una de sus empleadas de confianza está en la oficina de al lado, esperándolo para hablar con él, porque le acaban de confirmar que tiene un cáncer terminal y no podrá seguir trabajando. Pero Jack Welch no puede entrar a la otra oficina con el traje de la persona molesta, incómoda, que usa un tono de voz alto y firme. Tiene que volver a cambiarse de traje por el de la persona humana, que se conecta con la enfermedad, para dar soporte y apoyo a esa persona; incluso, si genuinamente lo siente, puede dejar que una u otra lágrima caiga de sus ojos, porque eso no lo hará más débil, sino más humano.

Finalmente, mientras enfrenta ese difícil y triste momento, le informan que debe irse a una reunión con el equipo comercial, donde deberá motivar al equipo con sus palabras, para que salga a superar sus objetivos. A esa reunión, por supuesto, no puede llegar con el traje de la persona triste y afectada por el dolor ajeno: debe ponerse el traje del líder entusiasta, alegre, motivador, que necesita una fuerza de ventas para poder generar el compromiso que necesita de ellos para alcanzar la meta.

Magistral lección. Lo que mi mentor quería mostrarme con esa historia es que un líder efectivo, como Jack Welch, debe tener múltiples personalidades y ser capaz de transformarse varias veces, de acuerdo con las condiciones del entorno. Y el hecho de que cambie de estilo y de comportamiento, incluso en el transcurso del día, no va a hacer que deje de ser quien es. Jack Welch siempre será Jack Welch.

Como el camaleón, que no importa de qué color se ponga, jamás dejará de ser un camaleón.

A lo largo de mi vida, he conocido a dos tipos de líderes: por un lado, los que son cada vez más rígidos, menos flexibles, se mantienen en una sola postura, sin importar el escenario en donde se encuentren; por el otro, los que se flexibilizan y adaptan natural y genuinamente al entorno que enfrentan.

A los primeros, esos líderes inflexibles que se acomodan en un solo traje, no solo los vi como empleado, sino que hoy, como consultor, me los encuentro con frecuencia. Son líderes que cada vez se distancian más del equipo y van perdiendo la conexión con el entorno y con el mercado, porque su traje solo les permite conectar con muy pocas audiencias. Por lo general, se acomodan en el traje que les permite moverse con mayor facilidad y agilidad hacia arriba en la organización, aunque poco les sirva para ir hacia los lados o hacia abajo. Y mucho menos hacia el mercado, donde se requiere un traje todoterreno, orientado al cliente, que permita estar en una sala de juntas, en la tienda de un cliente o en una zona de alto riesgo. Un traje con una capa de humildad, para entender que no hay nadie más importante que los clientes, porque ellos son los que en últimas te seleccionan, y esto es lo que hace que una compañía sea viable o inviable.

Por lo que observé, creo poder afirmar que la reciente transformación y repunte de la acción de Microsoft se debió a que sus líderes se dieron cuenta de que no estaban usando un traje que les permitiera estar más afuera que adentro; un traje con el que pudieran leer lo que estaba pasando en el entorno, del cual la compañía se había desconectado en cierto modo por haberse acomodado en el éxito de una participación superior al 90 % en el mercado, posición que permite ver que los clientes quieren soluciones diferentes a las que estás ofreciendo.

Para hablar de un caso concreto, recuerdo a un vicepresidente para Latinoamérica que, en una visita a una regional, fue recogido por un grupo de ejecutivos, como era la costumbre. Se dirigieron, entonces, a una reunión con los principales canales de distribución, nada más y nada menos que quienes hacen realidad las estrategias del negocio; ellos son los que hacían la "última milla" de la cadena de valor, pues facturan a los clientes y, en últimas, son quienes realizan la venta. El primer momento en que se demostró que este vicepresidente estaba acomodado en un solo traje fue al llegar a la oficina. Todos los ejecutivos se bajaron del carro, pero él se quedó sentado inmóvil dentro del vehículo, mirando al frente, como si se encontrara en un estado catatónico. "¿Está intentando hablar con el conductor?", "¿Le habrá dado un infarto?", preguntaban unos. "No, yo creo que tiene miedo de bajarse, es la primera vez que viene a Bogotá", especulaban otros, intentando comprender qué ocurría. Hasta que uno de ellos dijo en tono burlesco: "Está esperando a que le abramos la puerta". Los demás, aterrados, tenían la esperanza de que no fuera cierta esta especulación, pues no es una práctica que se acostumbre. Pasaron cinco minutos muy incómodos, hasta que uno de ellos se animó a probar la teoría y, en efecto, comprobó que el vicepresidente no se iba a bajar hasta que le abrieran la puerta del carro.

Ya en la reunión con quienes llamábamos "socios de negocios", el vicepresidente fue recibido con un acto de respeto y cortesía por parte de ellos.

—Te reservamos la cabecera de la mesa —le dijo gentilmente uno de los participantes.

Él respondió poniendo suavemente las manos sobre los hombros de uno de los socios de negocios, invitándolo a ponerse de pie y tomar el puesto de la cabecera. Luego se acomodó en el asiento que había dejado el socio de negocio en medio de la mesa y con un tono pausado, pero firme, dijo:

—Esto es para que quede claro que la cabecera es donde me siente yo.

Este es el ejemplo de una persona que se acomodó en el papel del alto ejecutivo distante, y que, desafortunadamente, se quedó con el traje de la arrogancia del poder, el cual ni siquiera supo quitarse ante quienes eran sus verdaderos socios de negocio. Un camaleón muy disfuncional, que más bien se parece a una lagartija, pues se quedó de un solo color, incapaz de adaptarse hasta en el más obvio e importante de los entornos.

Pienso que quienes, como él, se creen con privilegios por su posición, demuestran el tremendo desprecio que tienen por los demás, y han hecho de la discriminación la moral de su vida.

Del segundo tipo de líderes, esos flexibles que se adaptan natural y genuinamente al entorno que enfrentan, recuerdo con mucha admiración a uno de los directores de Microsoft, que era un maestro en esto. En la convenciones de la organización se despojaba de su traje de director y jugaba fútbol con toda la gente en la playa, o se tiraba arena en la cara con los unos y los otros, sin que por eso la gente le perdiera el respeto. Fuera de esos espacios de diversión, se volvía tu mentor, y la mayoría de conversaciones que tenías con él eran tan profundas que dejaban huella. Cuando hacíamos actividades de responsabilidad social, se conectaba genuinamente con las personas de escasos recursos, y se hacía tan cercano a ellas, que pronto se ganaba su aprecio, respeto y admiración. Para las reuniones mensuales de la compañía, sabiendo que estaría frente a un equipo de gente más joven, con gustos musicales diferentes a los suyos, preparaba un set de canciones que él mismo dirigía en su panel de *disc-jockey*, que había comprado él mismo para esas ocasiones. Pero desde este papel saltaba al de ejecutivo, que tenía la capacidad y la compostura de presentarse a Steve Ballmer, entonces presidente mundial de Microsoft, con ese traje de persona inteligente, asertiva y estratega que necesitaba. Como el camaleón, cambiaba de color dependiendo del árbol al que tuviera que treparse en cada ocasión.

La analogía del camaleón es una de las enseñanzas sobre flexibilidad y adaptación al cambio más relevantes e impactantes que he aprendido en mi vida. En lo personal, creo que no fui un líder efectivo cuando tuve gente a mi cargo, porque me costaba mucho trabajo ponerme el traje de jefe estricto, exigente y hasta molesto que necesité en numerosas ocasiones. Creía que si me ponía ese traje iba a perder mi esencia como la persona empática, amable, respetuosa y afectuosa que creía ser. De igual modo, en muchas ocasiones fallé porque yo suelo ser una persona alegre, con un humor espontáneo, que a veces raya en el humor negro, y siempre me he caracterizado por poner ese toque de alegría en las reuniones. Pero en el mundo corporativo, me costó mucho modular este aspecto, y me demoré en aprender a reconocer cuáles eran el espacio y el momento adecuados para poner un toque de humor. Se me dificultaba dejar de hacerlo, porque mi argumento era que si lo hacía iba a dejar de ser yo mismo, iba a perder mi esencia. Por eso la lección del camaleón y su analogía de Jack Welch me enseñó tanto: aprendí que el hecho de que yo estuviera serio en una reunión que así lo requería no me hacía una persona ni triste ni amargada, simplemente era la postura que ese momento exigía de mí.

La lección poderosa de esta historia para mí fue que no importa qué traje te pongas, este no hace que te conviertas en eso. Si alguna vez te pones molesto, eso no te hace una mala persona; si alguna vez lloras, eso no te hace una persona débil; si alguna vez eres empático con personas de otro nivel jerárquico, eso no te hace menos inteligente o menos estratega. Tú seguirás siendo lo que eres, sin importar en qué tengas que convertirte para ser eficaz en tu trabajo o en tu vida personal. Siempre y cuando vivas en coherencia con tus valores, no importa el traje que te pongas, guardarás tu esencia. Esta es para mí la verdadera flexibilidad, porque si en el día a día puedes amoldarte a tu entorno, serás capaz de acomodarte a cualquier cambio que requiera tu vida o tu organización.

La adaptación al cambio es una de las competencias por las que más sufren las organizaciones, por eso es con frecuencia requerida y bien recompensada en el mundo laboral. ¿Qué nos hace pensar que una persona que ni siquiera es capaz de adaptarse a las exigencias de la vida cotidiana va a ser capaz de transformarse en el mediano y largo plazo?

La adaptación al cambio comienza por entender a profundidad qué hechos están impidiendo que tus estrategias o acciones sean eficaces, y saber dónde estás parado: ¿en un árbol?, ¿al pie de una laguna?, ¿en medio de las rocas? Si no entiendes o no aceptas dónde estás, nunca sabrás de qué color tienes que ponerte ni qué postura tomar para acoplarte al entorno y volverte parte de él. Aprendamos, entonces, de la magistral capacidad del camaleón para poner su cuerpo de varios colores, porque él entendió que esta es la única forma en que puede garantizar su supervivencia.

Y tú, ¿qué eres? ¿Una lagartija o un gran camaleón?

La competitividad del tigre

—¿Usted de verdad cree que va a correr más rápido que ese tigre? —le dijo en un tono irónico, burlesco, a punto de soltar una carcajada.

Conversaban dos fotógrafos que se habían encontrado en la selva en el sudeste asiático en busca de uno de los animales más espectaculares de la naturaleza, el tigre de Bengala, especie en vía de extinción y de la que no quedarán más que fotos si no detenemos su exterminio.

El tigre de Bengala es el mayor cazador de su hábitat. Al ser un animal sin depredador directo, es el ser humano quien ocasiona problemas para su supervivencia. El acelerado crecimiento de la población humana en el mundo ha hecho que el tigre de Bengala se vea amenazado en su propio hábitat, ahora severamente degradado. En el 2019 se se estima que quedan menos de 2000 ejemplares en el mundo.

Mientras los fotógrafos esperaban tener la suerte de capturar por un instante a un tigre de Bengala en su hábitat, algo cada vez más difícil, uno de ellos observó que su compañero de aventura, además de todo su equipo de fotografía, *camping* y supervivencia, tenía unos tenis al alcance de la mano. Sin poder resistirse a la curiosidad, tomó las zapatillas y le preguntó:

—¿Y esto es parte de su equipo fotográfico? Seguro le va a ayudar a tomar mejores fotos —puntualizó con una sonrisa irónica.

—Sí, hace parte de mi equipo, porque si tenemos suerte y encontramos el esperado tigre de Bengala, existe la posibilidad de que nos ataque.

—¿Y entonces usted le va a pegar con los tenis en la cabeza? —refutó el otro, esta vez con arrogancia.

—No, no le voy a pegar con los tenis, me los voy a poner y voy a salir corriendo —afirmó con tono seguro y de revancha.

—¿Usted realmente cree que va a correr más rápido que ese tigre?

—No, yo no voy a correr más rápido que el tigre, voy a correr más rápido que usted.

En la mañana, cuando se despierta la gacela, dice:

—Otro día más en el que no puedo descansar. Debo estar lista para correr rápido, si no ese tigre me va a atrapar y me va a comer.

Por su parte, cada mañana, cuando el tigre se despierta, dice:

—¡Qué cansancio! Otra vez me toca levantarme con ganas de correr rápido, porque si no corro no voy a atrapar a esa gacela, y entonces no voy a poder comer.

Ambas analogías describen de forma muy clara y específica el entorno competitivo que enfrentamos no solo en el trabajo, sino en la vida personal. Porque todos los días hay que despertarse con ganas de ponerse los tenis y salir a correr más rápido que el de al lado; de lo contrario te comen, si eres una gacela, o no comes, si eres el tigre.

En el competitivo mundo en que hoy vivimos no puedes detenerte ni un solo minuto, cada centímetro que avances importa, y no puedes despreciar a nadie, a ningún competidor, por pequeño que sea o por inofensivo que parezca; de lo contrario, cuando abras los ojos, ya estarás fuera de la competencia.

A pesar de esta realidad, quiero proponer una perspectiva diferente respecto al espíritu competitivo, más allá de la simple y obvia definición que te lleva a concluir que hay que ser el primero.

En una conferencia tuve el privilegio de escuchar a José Alejandro Cortés, fundador y dueño mayoritario del Grupo Bolívar, uno de los grupos financieros más grandes e importantes de Colombia, y actualmente en una agresiva expansión en Centroamérica. En esta conferencia, José Alejo, como de cariño le dicen sus empleados, se refirió a la forma en que había construido un grupo de semejante tamaño, respondiendo a la pregunta de uno de los asistentes al evento:

—Yo nunca quise ser el primero, quise ser el mejor —afirmó.

Una diferencia sustancial, porque creo que se puede llegar a ser el primero sin ser el mejor, y eso fue lo que quiso decir José Alejo: que aunque seas el primero, no necesariamente estás haciendo lo correcto.

En la academia, por ejemplo, el espíritu competitivo se ha fundado en la exigencia de ser el primero. Regularmente medido y soportado en un número, este obedece a un *ranking* que te pone arriba o abajo, y de inmediato te etiqueta como "bueno" o "malo". Eso es lo que hacen las calificaciones en los colegios, las mediciones de mercado y los balances de las organizaciones: son vistos desde el numero raso, que está lejos de poner junto todo el contexto, el entorno, el ambiente y el propósito que encierra un resultado en la escuela, en el trabajo, en un mercado o en cualquier escenario donde uno está tratando de sobrevivir.

La cultura competitiva en los colegios y universidades es el motor para lograr mejores puestos en el *ranking* del sistema educativo. Este sirve para justificar ante los aspirantes por qué cobras lo que cobras. Peligrosa posición, porque al basar el éxito únicamente en las calificaciones, el propósito real de la academia, que es sacar lo mejor de cada estudiante, queda en segundo plano. Estoy completamente en contra de aquellas instituciones que solo reconocen a los estudiantes con las mejores notas. Mis hijas, por ejemplo, estudiaron en un colegio cuya excelencia desafortunadamente se basa en este modelo y por eso cada año siempre salían al frente los mismos alumnos en la ceremonia de reconocimiento.

En esto veo dos grandes errores. Primero, nada asegura que quienes sacan las mejores notas estén dando todo de sí mismos. Es probable que el nivel exigido llegue a la mitad de sus capacidades, pero como están de primeros, no tienen ningún incentivo para aprender cada día más. Pero también hay estudiantes que dan todo de sí para poder estar ahí algún día y ser reconocidos frente a sus padres y el resto de la comunidad educativa —que es a lo que casi cualquier niño aspira por naturaleza—, pero cuyas capacidades no son compatibles con el nivel requerido. Es un sistema absurdo, que premia la zona de confort y desestimula el esfuerzo. ¿Qué requiere realmente una sociedad? ¿Un puñado de gente que se destaca entre una gran masa que no entrega todo su potencial porque no tiene ningún estímulo para hacerlo? O, por el contrario, ¿estar colmada de gente que lo entrega todo y pone todo su esfuerzo para alcanzar su máximo potencial?

Desde luego, queremos sociedades donde todos den lo mejor de sí, y, sin importar lo que cada uno logre, sea reconocido o tenga una oportunidad como recompensa por su compromiso, porque así se impulsará un progreso que no se detendrá.

En el Gimnasio Moderno desde hace cien años su fundador entendió el poder de reconocer el esfuerzo y no el resultado. Por eso, uno de los reconocimientos que desde hace décadas se otorga a los alumnos es el del esfuerzo personal. No importa si los resultados no son los mejores de la clase, si hiciste tu mayor esfuerzo y trabajaste conscientemente para obtener el mejor resultado posible, serás aquel que pase al frente a inspirar con tu ejemplo a los demás, sin importar tus talentos o capacidades innatos. Este sí es un modelo que estimula la excelencia, no en unos pocos, sino en todos, porque siempre tendrás la oportunidad de destacarte, de brillar y de ser reconocido como te mereces.

En el ámbito organizacional, la cultura competitiva es parte de la receta para lograr resultados extraordinarios.

Poner a la gente a competir entre sí, en teoría, estimula la obtención de este tipo de resultados, que maximizan la capacidad organizacional. Sin lugar a duda, esto ha sido parte de la fórmula de Microsoft. Todos los días, al cruzar la puerta de entrada de la oficina, te tenías que poner los tenis, fijar la mente en posición de partida y estar listo para arrancar a correr en cualquier momento, en cada frase, en cada reunión. Siempre afirmo y reconozco que uno de los grandes privilegios que he tenido en mi vida fue trabajar durante casi dos décadas rodeado de tanta gente tan inteligente. Es realmente inspirador y estimulante, porque era difícil encontrar en esa organización una persona que no fuera brillante. Es difícil y afecta tu autoestima, pero sin duda estimula a la organización, como si se tratara de un equipo de Fórmula 1 que alcanza su máximo desempeño.

Sin embargo, en la actualidad está tomando fuerza una teoría que habla de acabar con esta competitividad organizacional. En su libro *La brecha entre el saber y el hacer*, Jeffrey Pfeffer y Robert Sutton, profesores de comportamiento organizacional de la Universidad de Stanford, exploran las consecuencias de lo que llaman el "juego de suma cero" de la competencia interna. Durante su investigación, encontraron que "caso tras caso, los costos de tales victorias individuales eran pagados por las personas, grupos y unidades que perdían las contiendas. Y estas competencias internas no solo perjudicaban a los perdedores, sino a cualquiera que tuviera una participación en la organización".

En efecto, cuando los empleados solo están pensando en sí mismos y en cómo pueden adelantarse, son menos propensos a compartir información y confiar en sus compañeros de trabajo. También son menos propensos a poner un objetivo común sobre sus propios intereses. Sabrina Son, autora y experta en el tema, afirma que "los lugares de trabajo altamente competitivos crean empleados estresados, baja moral y alta rotación. También pueden hacer que la gente sea menos productiva". En resumen, cuando hay demasiada competencia interna todo el mundo pierde.

Por su parte, Iwan Barankay, profesor de gestión de la Escuela de Negocios de Wharton, estudió la influencia de los *rankings* en el lugar de trabajo de los empleados reclutados en la plataforma de *crowdsourcing* de Amazon, Mechanical Turk. "Los trabajadores pueden volverse complacientes y desmotivarse. Las personas que clasifican de primeras piensan: 'Ya soy el número uno, así que ¿por qué esforzarse más?'. Y las personas que están muy rezagadas pueden deprimirse por su trabajo y renunciar", dijo Barankay en el portal Knowledge@Wharton.

"Los lugares de trabajo competitivos también producen jerarquías cambiantes entre los empleados, las cuales tienen un peso psicológico incluso para los mejores empleados", afirma Barankay en su estudio.

Melanie Greenberg, psicóloga clínica y de salud, escribe en *Psychology Today*: "Tener que proteger constantemente tu posición y territorio de los competidores puede causar daños tanto en el cuerpo como en la mente". Y cuando los empleados son infelices, los resultados sufren, y también los hace claudicar. Varios estudios han demostrado que las empresas con trabajadores felices producen mayores ingresos.

La competencia, sin duda, es una herramienta para motivar a los empleados para que hagan un esfuerzo extra. Pero, como señala Sabrina Son, una cultura organizativa feroz, que prospera a partir de enfrentar compañeros de trabajo entre sí representa un gasto mucho mayor, que va desde empleados estresados hasta pérdidas financieras.

Personalmente, no he tomado una posición respecto a esta teoría de que la competitividad les hace daño a las organizaciones. Creo que, como en el caso de los colegios, lo que está mal es reconocer y compensar solo a los que logran los mejores resultados. Hay que exaltar también a quien ha intentado algo nuevo, a pesar de que no se hayan dado los resultados esperados; premiar a quien ha hecho su máximo esfuerzo o al que ha vivido en coherencia con los valores de la organización. De lo contrario, sí creo que un espíritu competitivo extremo puede tener una serie de consecuencias en el ambiente y en la cultura.

Cuando tienes un espíritu competitivo sano, entiendes que no se trata de acabar con los demás, pero que eso tampoco significa conformarse con ser mejor que el peor. Hay quienes se consuelan con el hecho de no estar perdiendo tanto dinero como la competencia, por ejemplo. Entonces se justifican, y se acomodan en sus resultados, sin preguntarse o cuestionarse si lo hubieran podido hacer mejor.

Desde esta perspectiva de que la competitividad significa maximizar tu potencial, para competir no se necesitan recursos, sino actitud. El paradigma en el que caen muchas organizaciones y personas es que no pueden competir, es decir, dar todo de sí mismos, porque no tienen los recursos suficientes.

Para demostrar lo contrario, en mis conferencias cito un famoso comercial de Audi. Este arranca con una pregunta: "¿Qué quieres en un carro?". Luego aparecen cuatro puntillas alineadas horizontalmente sobre una pared, y una mano cuelga de la primera la llave de un Alfa Romeo, que pende de un aro, al tiempo que emerge una pregunta: "¿Diseño?". Luego, "¿Confort?", y cuelga la llave de un Mercedes Benz en la última puntilla. Y así, hasta que queda una llave colgando en cada puntilla, todas de marcas diferentes asociadas a distintas características. Por último, los cuatro llaveros, traslapados, conforman el logo de Audi. Entonces, aparece una última pregunta: "¿En un solo carro?... Audi".

Magistral comercial, que en menos de un minuto logra mostrarte que, si quieres un carro seguro, elegante, con alto desempeño y al mismo tiempo cómodo —características con las que se identifican otras marcas—, entonces lo que necesitas es un Audi. La magia de este comercial radica en que su producción fue muy sencilla y debió costar muy poco; casi nada si se compara con otros comerciales de automóviles. Lo relevante aquí no son los recursos invertidos sino la creatividad, que con un concepto simple logra atrapar al consumidor. Este comercial ganó premios por su creatividad y fue divulgado principalmente en YouTube, donde cuenta conmiles de visualizaciones.

Este es un claro ejemplo del espíritu competitivo, porque demuestra que para dar lo mejor de ti mismo no necesitas grandes recursos. Me atrevo a afirmar que, desde que presentaron la propuesta, los responsables en Audi lograron transmitir este espíritu competitivo al *copy* creativo de la agencia, quien magistralmente tuvo el ingenio de traducirlo en esta producción publicitaria. Creo que lo que movió este ejemplar caso de competitividad fue el deseo de dar lo mejor: el elemento esencial de quienes siempre tienen los tenis a la mano.

Hay otro elemento del espíritu competitivo que merece reflexión: tratar de ser el mejor —o el primero, si esa es tu creencia—, pero opacando a los demás. Llegar de primero en una carrera es muy fácil si pones un palo en la rueda de la bicicleta de tu competidor. No basta con ser el mejor, la grandeza está en lograrlo habiendo ayudado al tiempo a los demás a dar lo mejor de sí mismos.

Alejandro Sanz de Santamaría, investigador y profesor de prestigiosas instituciones, como la Universidad de Massachusetts, en Estados Unidos, o la Universidad de los Andes, en Colombia, ha estudiado a profundidad el tema de la competitividad y la ética. En alguna conferencia le oí un concepto realmente impactante, el cual reconstruiré a continuación con mis palabras, asegurándome de que le hago honor al mensaje y la idea que quiso transmitirnos ese día.

Contó al profesor que, en una ocasión, lo nombraron parte de un comité que estudiaba la posibilidad de expulsar de la universidad a unos estudiantes por haberse copiado en un examen. Él les preguntó a los estudiantes que si no les parecía una falta de ética haberse copiado, a lo cual uno de ellos respondió:

—Sí, claro que sí, es una falta de ética, pero menos grave que la que cometemos todos los días en la universidad.

—¿Cómo? ¿Hay algo más que usted quiera contarme? —preguntó sorprendido el profesor.

—Sí, claro que sí —replicó el estudiante—. Yo copié en ese examen por la presión que tengo de obtener buenas notas, o si no, seré expulsado de la universidad. Una forma de lograrlo es copiando, otra más eficaz es asegurarme de que los demás obtengan peores notas que yo. Así que, aun sabiendo que puedo ayudar a mis compañeros a ser mejores en la universidad, no lo hago, porque eso me perjudica. ¿No le parece a usted eso una falta de ética más grave, que sabiendo que puedo ayudar a los demás no lo hago para perjudicarlos y así beneficiarme yo únicamente? A eso es a lo que nos ha empujado el sistema, y acá no se salva nadie —concluyó con tono asertivo.

No quiero profundizar en la discusión de si esta es una falta de ética, pero me parece que es una historia profunda, que muestra lo que hemos hecho al enseñar de forma incorrecta el concepto de *competir*. La respuesta del estudiante justificándose explica de forma tácita por qué las organizaciones no obtienen mejores resultados cuando entienden mal la competencia. Una persona que quiere ser la mejor a cualquier costo no comparte información, oculta verdades, no reconoce a los demás, no trabaja en equipo y opaca a quienes estén sobresaliendo, para garantizar que será la primera. Esta persona entiende de manera equivocada el espíritu competitivo.

Competir es dar todo de sí mismo para lograr resultados extraordinarios, y claro que se puede aspirar a ser el mejor, a destacarse, a ser el primero, a hacer dinero y a ser exitoso, como sea que entiendas el éxito, pero lo realmente importante es que eso que buscas esté inspirado por un propósito superior. Que compitas dando lo mejor de ti, pero que ese esfuerzo sea por algo que de verdad tenga sentido.

Entre mis clientes de consultoría, un día me encontré uno cuya definición de *propósito* me impactó bastante, pues me hizo entender cómo uno le puede dar sentido a lo que se proponga, incluso cuando esto sea simplemente acumular dinero.

Este cliente me dijo que tenía tres grandes propósitos en su organización:

—Primero, mejorar significativamente la vida de mis empleados. Segundo, devolverle a la sociedad todas las cosas buenas que me ha dado —hizo una pausa, para darle un toque de misterio al tercero, aunque yo ya no me imaginaba cuál podría ser, después de esos propósitos tan altruistas—. Y, por último, hacer el dinero necesario para cumplir con los dos primeros.

Pocas veces he oído una explicación más clara y profunda de por qué las organizaciones y las personas deben perseguir resultados extraordinarios, competir todos los días en su entorno y lograr buenos rendimientos financieros. Porque si das todo de ti para competir, ser el mejor y además obtener los recursos necesarios para cumplir con un propósito superior que contribuya al bienestar de la organización, de los accionistas, de los clientes, de tus seres queridos y de quienes te rodean, entonces el espíritu competitivo vale la pena y debe ser parte de tu cultura y tus valores.

A partir de las múltiples reflexiones y aprendizajes a los que me he enfrentado sobre el espíritu competitivo, los cuales he compartido en este espacio, he decidido hacer de la competitividad uno de los valores en mi vida. Un valor que está centrado en competir no contra los demás, sino contra la mediocridad de saber que tienes más potencial del que estás dando. Un valor que me asegure que estoy aportándoles algo a quienes están a mi lado, y que así mismo sean ellos los que me empujen a ser cada día un mejor profesional y un mejor ser humano. Un ser humano con los tenis puestos, listo para correr más rápido y superarse todos los días que le queden de vida.

El reto
del tiburón

—Les vamos a meter un tiburón dentro de la piscina, a ver quién quiere morir a mordiscos —resolvió uno de los pescadores.

Para poder reinventarse, uno tiene que desarrollar la capacidad de desafiar su propio *statu quo*, de salirse de su zona de confort y de autogestionarse y autodirigirse. Quizá esta capacidad es una de las más difíciles de encontrar en el mundo corporativo y en la vida en general.

Cuenta la historia que unos pescadores intentaban vender en el puerto los pescados que horas antes habían atrapado en el mar, y que los habían dejado un largo rato apilados sobre la cubierta del barco, bajo el sol. Una vez arribaban al puerto, ponían sobre unas mesas perfectamente desinfectadas y limpias las decenas de kilos de pescado clasificado con esmero. Cuando los clientes se acercaban, los observaban, los olían y los palpaban de forma minuciosa. Tras esta cuidadosa revisión, al fin les decían a los pescadores que su pescado estaba dañado.

—Está pasado, podrido, descompuesto —afirmaban los clientes de forma enfática y con pleno convencimiento—. No se lo vamos a comprar. Los pescadores, preocupados, no entendían por qué su pescado, que recién habían capturado, se estaba descomponiendo. Tras consultar con un experto, llegaron a la conclusión de que lo estaban dejando demasiado tiempo en cubierta, expuesto a los rayos penetrantes del sol, los cuales aceleran el proceso de descomposición. Alguno de los pescadores propuso, entonces, montar unos congeladores en el barco para congelar el pescado. Tras una importante inversión y un arduo trabajo de adecuaciones al barco, lograron instalar varios congeladores en él, con lo cual lograron detener por completo el proceso de descomposición del pescado mientras regresaban al puerto después de sus salidas a altamar.

Cuando exhibieron el nuevo producto, que había permanecido congelado varias horas, los clientes, sin bajar su nivel de exigencia, volvieron a negarse a comprarlo.

—Ese pescado está muy congelado, se dañaron el aroma, el sabor, el color y la textura. ¡Olvídense! No sirve para hacer un sushi o un buen ceviche.

No los seleccionaban, y recordemos que, cuando a uno no lo seleccionan, desaparece. Estos pescadores, entonces, estaban en riesgo de desaparecer si sus clientes continuaban negándose a comprar su pescado.

Así que decidieron llamar a un consultor y le explicaron con detalle la situación. El consultor entendió el reto y llegó a la conclusión de que tocaba montar un sistema de piscinas en el barco. De esta forma, los peces nadarían en su medio natural mientras regresaban a puerto.

Los pescadores, entusiasmados con la idea, decidieron implementarla. Cuando llegaban al puerto, sacaban el pescado directamente del agua con una especie de colador enorme, y lo llevaban directamente a las mesas de exhibición. Su primera observación fue que los pescados quedaban en la mesa en la misma posición en que los dejaban: con la boca torcida, como tratando de buscar la última gota de aliento para sobrevivir; es decir, ya venían muertos. Los clientes, una vez más, lo observaban y al instante concluían que el pescado no era fresco, que estaba pasado.

—Yo sé que ustedes lo están sacando directamente del agua —reconocían los clientes—, pero aun así su pescado no está fresco.

Una vez más, su permanencia en el mercado estaba en riesgo, pues nadie seleccionaba sus pescados. Los pescadores, angustiados, llamaron a un biólogo y le pidieron con urgencia que les ayudara a entender por qué su pescado se moría, aun estando en su propio medio, su hábitat natural, su propia agua. El biólogo no tardó mucho en analizar la situación y llegar a una conclusión.

—La explicación es simple —les dijo con cierta ironía, como si ya hubiera experimentado esa situación—. Cuando están en la piscina, los peces se dan cuenta de que están encerrados en cuatro paredes, completamente a oscuras y sin salida. Entonces, se entregan, se desmotivan y, como consecuencia de ese desánimo, terminan muriéndose.

Entonces, uno de los pescadores, resolvió:

—Les vamos a meter un tiburón dentro de la piscina, a ver quién quiere morir a mordiscos.

La primera pregunta poderosa que surge de esta historia es: ¿En tu vida alguna vez has estado encerrado entre las cuatro paredes de una piscina estrecha, completamente a oscuras, de la que crees que jamás podrás salir? Esta es la piscina de las dificultades en las relaciones personales, como el matrimonio; de ver que nuestros seres queridos, nuestros hijos, crecen y nos dejan; de las dificultades del trabajo, como la relación con el jefe y nuestros compañeros; de las angustias económicas, o de los problemas de salud, propia o de quienes amamos.

Probablemente, cuando te haces esta pregunta te duele el estómago, porque te das cuenta de que en algún momento de tu vida has estado en alguna de esas piscinas que he mencionado, o cualquier otra de las miles que hay en el complejo entorno de la vida.

En lo personal, yo he estado en tres grandes piscinas: la quiebra de mi padre, las dos muertes de mi mamá —sí, dos muertes— y la crisis de mitad de vida. Gracias a esta analogía, comprendí que si no me retaba a mí mismo para reinventarme y salir, iba a terminar muriendo a mordiscos. A continuación, hablaré de cada una de ellas.

La quiebra de mi padre

Papá fue educado en un hogar con costumbres muy conservadoras, y ser empleado era mal visto. Pedirle trabajo a alguien no era correcto, más bien, se debía buscar la independencia a cualquier precio. Él tuvo la fortuna de contar con el apoyo económico de sus padres para intentarlo, pero ellos jamás entendieron que él no había nacido con el temperamento para ser empresario. Asumieron algo que parecía obvio, y es pensar que todo el mundo quiere serlo, y que además tiene las capacidades para lograrlo.

Pero no es así: algunos nacemos para ser empleados, otros para ser autoempleados y otros para ser empresarios. Incluso, dependiendo de las diferentes etapas de la vida, y de acuerdo con tu madurez profesional, puedes pasar de un modelo a otro, haciendo de esta combinación la fórmula mágica para realizarte profesionalmente y asegurar un bienestar económico. En general, todos buscamos un empleo en la etapa temprana de nuestra vida profesional, aprendemos y maduramos en ese mundo, y luego, en algún momento nos cuestionamos si ser o no independientes. Pero hay quienes nacen con ese don nato de empresarios, y estoy seguro de que esas personas serían mucho menos exitosas y felices siendo empleados toda su vida. Ese no fue el caso de papá, quien, sin embargo, insistió en la independencia prácticamente toda su vida, entre otras razones porque en su época esa era la costumbre para los arquitectos, y por eso había pocas oportunidades de empleo en esa industria. Pero quebró.

La quiebra de mi papá fue una piscina negra, de la cual creí que nunca iba a salir. La posibilidad de ver resurgir a mi papá en su profesión era muy lejana, así que desde muy temprano a mis hermanos y a mí nos tocó encargarnos de nosotros mismos.

Una de las huellas que dejó este acontecimiento en nuestras vidas fue que el mismo día de la quiebra, cuando tuvimos que vender nuestra casa, se borró de nuestras mentes la posibilidad de ser independientes, autoempleados o empresarios. ¿Cómo íbamos a repetir la historia de nuestro padre? Además, en ese momento no teníamos ni la madurez ni la capacidad para entender la complejidad del problema y los hechos que lo causaron. Concluimos que ser empresario o autoempleado era un imposible. La idea incluso me producía repudio, por el tremendo dolor que había causado en nuestra familia. Así que, una vez terminamos nuestras carreras, los tres hermanos salimos a buscar un trabajo y fuimos empleados por más de veinte años.

Sin embargo, después de dos décadas como empleado, pasé a la independencia, y, sin concluir si es mejor ser empleado o independiente, me he demostrado que la puerta que cerramos el día en que quebramos también era una opción, también existe; puedes abrirla y explorar lo que hay detrás de ella, y si sientes que es más adecuada para ti, no puedes permitir que las cicatrices del pasado te impidan cambiar de camino.

Las dos muertes de mi mamá

Podría escribir un libro entero sobre lo que significó mi mamá en mi vida. Pero eso es algo que he decidido guardar para mí.

Hace veinte años, cuando ella tenía alrededor de cincuenta y cinco, tuvo un accidente cerebrovascular, que la dejó postrada en una silla de ruedas por el resto de su vida, afectó su memoria, su capacidad para manejar el tiempo y el espacio, y comprometió su capacidad para dialogar. Incluso su voz y su mirada cambiaron en ese momento, y para mí ella pasó a ser una persona diferente de la que yo había amado profundamente durante treinta años. Esa fue la primera muerte de mamá, la cual nunca pude superar.

Diez años después, en febrero de 2008, tras una lucha incansable por seguir viviendo y disfrutar intensamente a los que la amamos, murió por una neumonía que terminó con el único pulmón que daba aliento a su existencia. Esta fue la segunda muerte de mamá, la que acabó con su paso por este mundo. Yo llevo estos veinte años haciendo el duelo de sus dos muertes, y debo confesar que, en lo más profundo de mi alma, aún no he logrado aceptar su partida. Una piscina muy oscura, de la cuál creo a veces no haber salido aún.

Pero las dos muertes de mi mamá dejaron aprendizajes de vida y valores familiares que sin lugar a duda trascenderán en nuestra familia por siempre. Hay uno en particular al cual me gustaría referirme, por el impacto que ha producido en mi vida y por el ejemplo que ha dejado en nosotros, sus hijos. Ese aprendizaje hace referencia a la incomparable actitud que asumió mi papá frente a este terrible acontecimiento familiar. No creo poder encontrar un solo instante durante esos diez años de convalecencia, en el que mi papá no haya puesto como prioridad a mi mamá, por encima de cualquier otro aspecto de su vida, incluso de su propio bienestar y salud. La acompañó incondicionalmente, animándola todos los días a seguir viviendo, diciéndole que la veía un poco mejor, aunque no fuera necesariamente cierto. Mamá se alimentó de ese amor y ese aliento cotidiano hasta el último momento. Este ejemplo de mi padre nos dejó esos valores de la lealtad, la incondicionalidad, la dedicación, la compasión y la entrega por los seres que amamos, cualquiera que sea nuestro destino.

A pesar lo difícil que fue afrontarla, esa piscina negra nos dejó un legado que marcará por generaciones a nuestra familia, con ese ejemplo de lo que es amar incondicionalmente, en la salud o en la enfermedad.

La crisis de la mitad de la vida

Entre todas las piscinas negras en las que he estado, tal vez una de las más difíciles es la crisis de mitad de mi vida. La muerte de mi mamá marcó para mí un hito, porque perdí un propósito importante: acompañarla y cuidarla en su agonía, y apoyar a mi papá en la dificultad emocional y asistencial que vivíamos. Durante diez largos años me había mantenido tan enfocado en él, que ni siquiera me había dado tiempo de pensar acerca de mi propio destino personal, profesional y familiar. Por eso, durante este tiempo nunca me cuestioné demasiado acerca de mi carrera profesional. Nunca me permití pensar si debía buscar una oportunidad por fuera del país, como lo habían hecho mis hermanos con sus respectivas carreras. Cuando mi madre murió, me enfrenté a una tremenda pregunta, que pronto me sumergió en esa nueva piscina oscura: "Y ahora que tengo la libertad de moverme a donde quiera, de perseguir la posición o el destino que me guste, ¿qué voy a hacer?". La enfermedad de mamá había sido refugio para mi falta de propósito profesional, creo que me escondí en esta tragedia familiar para escapar de la pregunta que me estaba demorando en responder. Por eso, cuando me enfrenté a ella, el vacío fue profundo, porque honestamente no tenía ni siquiera una vaga idea de cómo respondérmela.

Ahí comenzó una turbulencia que iba succionando todo hacia esa piscina negra. Como nunca me había cuestionado sobre mí mismo, comencé a ver todo a través de las gafas del pesimismo. Me di cuenta de que había otros compañeros de trabajo que llevaban esos diez años, en que yo había estado enfocado en mi esfera personal, invirtiendo en su crecimiento y en su desarrollo; que habían dibujado con claridad su destino y el plan para alcanzarlo, y estaban tejiendo esa red que se necesita para crecer en el mundo corporativo. Incluso comencé a cuestionarme si me gustaba mi oficio, el comercial, y empecé a descubrir que, aunque lo hacía bien, ese trabajo no era necesariamente el que sacaba lo mejor de mí. Me sentí desanimado, inseguro, con mucho temor y una profunda tristeza al ver que, ante una pregunta en apariencia tan fácil, me encontraba por completo perdido, desorientado y sin ni siquiera un asomo de claridad. Cuando te cuestionas sobre tu futuro y ves todo oscuro, comienzas a cuestionar cada aspecto de la vida, cada estrategia o decisión de la compañía; tú mismo te encargas entonces de tapar cualquier rendija por la que pudiera entrar siquiera un haz de luz que ilumine la piscina negra en la que estás sumergido, y por eso parece no tener salida.

Empecé a cometer un error tremendo, del cual mi esposa, mi gran mentora de vida, mi compañera de viaje, me hizo caer en cuenta. Un día me sentó en un sofá y, dándome una lección sin precedentes, me dijo:

—Nico, estás cometiendo un error terrible en tu vida.

—Dime, ¿cuál? —le pregunté.

—Estás llegando a la casa a hablar mal de tu trabajo, andas de reunión en reunión hablando mal de tus jefes y cuestionando sus decisiones, y eso no habla mal de ellos, sino de ti. Si no estás convencido, si no amas ni quieres tu trabajo, toma otra opción, pero no seas desagradecido y desleal con quienes te han dado la oportunidad de tener un trabajo digno y útil, y nos han permitido construir lo que hemos logrado tú y yo con nuestra familia —dijo con seriedad—. Les estás dando un pésimo ejemplo a nuestros hijos, y yo no quiero que ellos te vean en ese estado de ánimo, mucho menos enseñándoles a vivir en deslealtad y desagradecimiento con todos aquellos que nos han ayudado —concluyó.

De inmediato recordé una historia.

Un niño llega tarde a casa y su papá lo recibe en la puerta, con una expresión molesta, seria e intimidante. Levanta la mano derecha y con el dedo apunta hacia sus ojos y le dice:

—Hijo mío, cuida muchos tus pasos.

—Papá, cuida los tuyos, porque son los que estoy siguiendo.

Las palabras de Cris me retumbaron en la cabeza, porque entendí que les estaba mostrando a mis hijos los pasos equivocados, unos pasos que en la vida no los llevarían por buen camino.

—Tienes que salir rápido de esa crisis, o si no, nos vamos a enredar todos —prosiguió Cris, esta vez en un tono afectuoso pero imperativo, como no dejándome opción: de inmediato debía empezar a buscar la salida de esa piscina oscura en la que me encontraba.

Me dediqué a estudiar a profundidad esa crisis de la mitad de la vida. Compré los libros mejor calificados en Amazon acerca del tema, y me los devoré con la ilusión de que entender la situación bastaría para superarla. De todas las teorías que me leí, me gustaron dos en particular.

La primera explica matemáticamente por qué esta crisis sucede alrededor de los cuarenta años. Por lo general, cuando uno sale de la universidad comienza una carrera por alcanzar una serie de hitos en la vida, que uno cree que lo harán feliz: conseguir un trabajo relevante que lo haga sentir importante ante los demás, casarse y formar un hogar, y ojalá que a ese hogar lleguen unos niños; firmar una escritura, tener casa propia y el carro soñado. Y así, para algunos son unas cosas y para otros, otras, pero estos elementos supuestamente son los pilares de una vida exitosa y feliz.

Está comprobado que tardamos entre dieciocho y veintidós años en lograr todo esto, es decir, justo rondando los cuarenta años. Paralelamente, los hijos inician ese mismo viaje de formar un hogar, comprar una casa y llegar a ser relevantes y exitosos en el ámbito profesional. Entonces comienzas a darte cuenta de que no son tuyos, sino que son de la vida, y que ahora eres solo tú con tu pareja o tú contigo mismo. Así, aunque a los cuarenta logremos todas esas cosas que nos propusimos, nos damos cuenta de que son pasajeras y circunstanciales; entonces, quedas parado en una encrucijada en la cual te preguntas: "¿Y ahora qué sigue?". La respuesta ya no es tan obvia como lo era cuando tenías veinte años. En ese instante entras en la crisis de la mitad de la vida, donde las preguntas ya no son tanto qué, sino más por qué y para qué. Comienzas a analizar más profunda y detenidamente tus actos y decisiones, porque ya lograste lo que creías que te hacía feliz, y te das cuenta de que aunque esto sí te puede aportar y ayudar a realizarte, no necesariamente es la fuente de la felicidad. Esta es la primera explicación de la crisis de la mitad de la vida, y de por qué llega alrededor de los cuarenta años.

La segunda teoría se encuentra en el libro de James Hollins *Finding Meaning in the Second Half of Life*. En él, se narra la historia de una profesora universitaria que, cuando comenzó a sentir que estaba entrando en esa piscina negra de la mitad de vida, decidió investigar al respecto en su universidad. Consiguió dos grupos de observación: uno de jóvenes y otro de todos sus profesores compañeros de trabajo que rondaban los cuarenta años. A ambos les hizo una pregunta individual acerca de cómo se proyectaban en el futuro. Encontró que, cuando describían su futuro, los jóvenes se veían acumulando conocimiento, rodeados de mucha gente, con posesiones materiales, grandes y lujosas. En general, ella pudo resumir que los jóvenes se veían acumulando amor, recursos, conocimiento, dinero… Lo contrario de sus profesores colegas, quienes se veían en una casa más pequeña; con más tiempo para sí mismos y menos para los demás; rodeados de cosas simples y, sobre todo, prácticas. En general, pudo concluir que su sueño era desacumular: recursos, relaciones, dinero, poder, estatus… Querían sacar del maletín de la vida todo aquello que sobraba y que los hacían pesados. Uno cuando joven quiere una casa muy grande y esplendorosa, pero a medida que descubre el costo y el esfuerzo de mantenerla, llega a la conclusión de que quiere vivir en un lugar más pequeño y que haga la vida más simple. Las conclusiones de esta investigación llevaron a la profesora a describir la crisis de la mitad de la vida como ese punto de inflexión en el cual la tendencia dominante durante la vida, que había sido acumular, se vuelve desacumular. Ahí, en este cambio, es cuando se da la crisis, dice la teoría de esta profesora.

Ambas teorías hicieron eco en mí. Es más, se conectan entre sí. En efecto, como dice la primera teoría, cerca de los cuarenta años yo ya me había casado, tenía tres hijos, trabajaba en una de las compañías más admiradas del mundo, tenía mi propia casa —e incluso otra en el campo— y gozaba de una confortable tranquilidad económica. Así que ya había logrado lo que en general una mente joven suele tener como meta en su vida. Justo en ese momento murió mamá, así que todo confluyó: perdí el propósito de acompañar a mis padres en la enfermedad; empezaron a surgir las preguntas poderosas de para dónde y para qué, e iniciaba entonces el punto de inflexión que tiende a la desacumulación. Todo junto, revuelto en la misma piscina negra.

Sin lugar a duda, el llamado de atención que inició mi salida de aquella piscina fue ese cuestionamiento doloroso, que vino de alguien que realmente me amaba: el que me hizo Cris sentados en el inolvidable momento del sofá.

Tal vez te estés dando cuenta de que, como yo, también has estado en varias de esas piscinas oscuras de las cuales nunca crees que vas a salir. Pero quien de verdad debe preocuparse es quien nunca ha estado ahí. Porque esas piscinas son la fuente de reinvención y de reimaginación más extraordinaria que tenemos los seres humanos y las compañías. Es ahí en donde se forma el cuero de elefante que nos permite soportar las nuevas vicisitudes de la vida, del trabajo o del mundo de los negocios. Los retos cada vez van a ser más difíciles, porque estamos en un mundo VUCAA[1], donde la felicidad, la realización y el éxito no pueden basarse en el hecho de no tener dificultades, problemas ni fracasos.

Hemos creado un imaginario de felicidad irracional, en especial en la sociedad occidental, definido por dos grandes elementos: la acumulación —de dinero, conocimiento, poder y estatus—, por un lado, y la ausencia —de problemas, reveses, crisis y dificultades—, por el otro. Por eso, la piscina negra está desprestigiada y se considera el nivel más bajo en el cual pueden caer las personas o las organizaciones. Pero justo ahí, en esa piscina, es donde se pueden construir las habilidades, los valores y las virtudes para ser feliz y sentirse realizado. La definición de *felicidad* más linda que yo he oído en mi vida es esta: "Felicidad es recibir con alegría las pocas cosas que la vida nos da y desprendernos con humildad de las muchas que nos quita".

---

1 VUCAA es un concepto que describe el entorno Volátil, Incierto, Complejo y Ambiguo que enfrentamos hoy en la vida cotidiana y en las organizaciones. Este tiene su origen en VUCA, un término utilizado en el ámbito militar en Estados Unidos para designar el escenario mundial posterior a la Guerra Fría. Yo le he agregado a la sigla original una "A" al final, que hace referencia a la "agilidad". Porque ante un entorno tan complejo como en el que vivimos, creo firmemente que responder rápida y adecuadamente es nuestra mejor opción. En mi página web www.nicolasreyes.com.co encontrarás más información sobre el entorno y las supracompetencias VUCAA.

Volvamos a la historia de los peces, que, a pesar de estar en su ambiente natural, como muchos de nosotros, creían que en esa piscina negra no había salida, y por lo tanto se echaban a morir y cuando llegaban al mercado los clientes afirmaban que no estaban frescos y por eso no los seleccionaban. Los pescadores, ante la explicación de los biólogos, concluyeron que, para sobrevivir, los peces necesitaban sentir miedo, pues eso los haría luchar por salir de la piscina.

Así que los pescadores decidieron aceptar la propuesta de uno de ellos y poner un tiburón pequeño en la piscina del barco donde almacenaban lo que iban pescando. Los peces corrían y saltaban, muertos del miedo, luchando por su vida y, sobre todo, tratando de evitar terminar en la mandíbula del tiburón. Cuando llegaron al puerto y pusieron a los pescados sobre la mesa de exhibición, estos todavía saltaban —por la emoción o el miedo— y los clientes los veían vigorosos y frescos. Así que por fin los escogieron y salvaron la compañía pesquera.

Exactamente lo mismo me sucedió a mí: fue ese miedo el que hizo despertarme y moverme con vigor para poder salir de esa piscina. En esa conversación con Cris, sentí mucho miedo; un miedo angustiante, porque entendí que si seguía ahí iba a perder todo lo que amaba en mi vida. Eso me movilizó para poder salir de ahí, para desprenderme del remolino que succionaba todo hacia ese fondo oscuro. Y tan solo ese profundo miedo fue el que logró generar un cambio exponencial en mí, que en pocos meses me puso de regreso en mi verdadero yo, que había abandonado durante esas crisis. Volví a ser esa persona alegre que en lo posible siempre ve las cosas de forma positiva, que ama a la gente y que cuida el prestigio de los demás, sobre todo el de aquellos que me han dado la mano en algún momento de mi vida. En esa reinvención llegué a la profunda conclusión de que debía cambiar mi dedicación, mi relación con el dinero y, más importante aún, buscar la felicidad recibiendo con alegría las cosas que la vida me había dado y desprendiéndome con humildad de las que me había quitado. Esto despierta una nueva pregunta: ¿Quién debe poner el tiburón en la piscina? La respuesta puede parecer obvia, pero es profunda: debe ser uno mismo, pues si uno no lo hace, los demás tampoco lo van a hacer, o si lo hacen, es porque estás muy cerca de ahogarte en cualquiera de esas piscinas donde te están retando. Un jefe que mete un tiburón en la piscina laboral te está avisando que no está contento con tu trabajo, y te está dando una oportunidad a través de ese tiburón.

Meter el tiburón en tus propias piscinas tiene un nombre definido y es *autogestión*. Se trata de la competencia gracias a la cual tú mismo defines tus propios objetivos y metas personales y profesionales, y estableces un plan para alcanzarlos. Que el plan sea tuyo te permite criticarlo, replantearlo constantemente, ejecutarlo, evaluarlo y saber qué funciona y qué no, para así volver a desafiarte y crear varios planes o realineamientos que te permitan llegar al destino que te propusiste. Por eso no debes esperar a que sea el jefe quien te desafíe, porque cuando lo hace, muchas veces es porque ya no hay punto de retorno.

Esta es una de las habilidades más buscadas y mejor pagadas en las organizaciones, y más valoradas por los demás. De hecho, marca la diferencia entre quienes dirigen organizaciones y grandes proyectos, o lideran comunidades. A medida que vas escalando en la pirámide, menos gente te da retroalimentación, te reconoce o te motiva, y mucho menos te dice qué es lo que debes hacer; de hecho, esperan que tú lo hagas con ellos. Cuando creces, comienzas a vivir en lo que se conoce como "la soledad en la cima de la pirámide", pero es ahí donde debes motivarte, retarte y desafiar tu propio *statu quo*.

Ahora bien, esto no quiere decir que quienes tienen esta capacidad de autogestión no caigan en estas piscinas negras. Claro que sí, pero han sabido reconocerla, entenderla y procesarla. Meten ellos mismos el tiburón, y salen rápido de ahí. Y lo más importante: aprenden, y cuando se les atraviesa otra piscina similar no vuelven a caer.

En mi caso, la piscina de la quiebra de mi padre me enseñó, entre otras cosas, que no puedes dejar que las cicatrices del pasado te metan en un paradigma insuperable; que lo que eres no te impida llegar a ser algo que no eres; que la solidaridad y lealtad entre los hermanos es un valor invaluable; y que aunque tus padres no te hayan dejado dinero, si te dejaron valores, en realidad eres millonario.

La piscina de las muertes de mi mamá me enseñó que el propósito de acompañar a los demás en la enfermedad es profundamente hermoso y valioso, pero no puedes permitir que te haga olvidarte incluso de ti mismo; que el duelo se trata de dejar ir con humildad y alegría a las personas que amas, y que, si tienes algún pendiente con un ser querido, nunca lo debes aplazar, porque a veces es demasiado tarde.

De la piscina de mi crisis de la mitad de la vida, me queda la lección de que esta no es una tragedia, sino un regalo, pues se trata de un momento que te permite afinar el propósito y el sentido de tu vida. De ella aprendí que debes vivir en lealtad y agradecimiento con quienes te han dado la mano, y, lo más importante, aprendí lo valioso que es ir en el tren de la vida acompañado de un amor que, como mi adorada Cris, no solo te valore y admire cuando eres exitoso y estés feliz y realizado, sino que en esos momentos en los que te desalineas, te ayude a salir de ahí, a ver lo correcto, a poner en perspectiva la vida y los problemas, y, sobre todo, te acompañe de manera incondicional en este viaje largo y retador, pero emocionante y genial que es la vida.

Y tú ¿qué has aprendido de las piscinas en las que has caído? ¿Has permitido que un tiburón habite en ellas?

Las plumas que te
sobran darán paso
a unas nuevas,
que permitirán
recuperar tu brillo
y esplendor

La magia que hay en los otros

La luz de una luciérnaga alcanza tan solo a iluminarla a ella. Pero si se juntaran miles, serían capaces de iluminar por completo el hábitat que ocupan. Esta es la fórmula que han encontrado quienes reconocen la magia que hay en los otros: para producir brillo y esplendor, y hacerte seleccionable, lo mejor es que te rodees de gente extraordinaria, en vez de tratar de brillar solo.

Quizá este es uno de los aspectos que, como líderes, más nos cuesta entender. Y no solo entender, sino poner en práctica. Porque el día a día nos consume y es tanta la exigencia de las tareas y el oficio que se nos olvida encargarnos de los demás. A veces nos cuesta incluso hacernos cargo de nosotros mismos, por eso nos es muy difícil pensar en otras personas, y caemos en un círculo vicioso, pues nuestra fuerza individual no nos permite brillar lo suficiente. Quienes entienden el poder que hay en los otros son capaces de romper este ciclo.

Recuerdo con bastante claridad, y profundidad quizá, uno de los momentos en los cuales un gran jefe y tremendo líder me enseñó este concepto de la magia en los otros, y lo dejó sembrado en mí como una de las grandes lecciones de liderazgo que he recibido.

Después de haber sido ascendido a gerente en Microsoft, y por lo tanto de tener un grupo de personas a mi cargo, un día de esos cercanos al cierre trimestral, cuando las discusiones de trabajo suelen ser acerca de los resultados del negocio y el estado de las mediciones, mi jefe me convocó a una reunión entre él y yo. Este tipo de reuniones, llamadas comúnmente *uno a uno*, solían ser acerca de la llamada *scorecard* —un término corporativo que hace referencia a un tablero de control—y las acciones necesarias para poner todos los indicadores en verde. Así que yo preparé un documento perfectamente graficado, lleno de números y colores, para llegar con las armas necesarias para defender mi gestión. Apenas me senté enfrente de Juan Pablo, mi jefe, comencé a disparar explicaciones que pretendían demostrar que estaba en control de mi negocio. Pasaron unos minutos y su cara se empezó a transformar, demostrando cada vez más incredulidad frente a lo que yo decía. De repente, gentilmente me quitó la hoja en la cual reposaba mi sofisticado reporte, la arrugó con cuidado hasta hacer con ella una bola de papel y, con la destreza de un basquetbolista profesional, la encestó en la caneca de la basura.

Recuerdo con escalofrío mi asombro en ese instante, ante el acto aparentemente irrespetuoso de mi jefe.

—Perdón por lo que acabo de hacer —dijo enseguida—, pero quiero asegurarme de que nunca en la vida se le vaya a olvidar la discusión que vamos a tener. —Que la anécdota haga parte de este, mi primer libro, demuestra que no he olvidado, ni olvidaré jamás, la tremenda lección de ese día—. Ese reporte sirve de poco o nada mientras usted no trabaje sobre el papel que, como gerente y líder, tiene en esta organización.

—¿Cuál papel? ¿Qué estoy dejando de hacer? —contesté prevenido.

—Dígame una cosa —requirió con una mirada profunda y ligeramente inquisidora—. ¿Qué es lo que motiva a Andrés?

—No lo sé —le contesté sorprendido.

—¿Por qué esta semana veo a María desanimada?

—¿Está desanimada? —pregunté sorprendido.

—Claro, ¿no se ha dado cuenta?

—No, no lo había notado.

—Y respecto a Vero, ¿por qué está volando? ¿Qué es lo que está alimentando esa energía tan increíble que tiene?

Encogí los hombros con sorpresa e ignorancia, pues no tenía ni la más mínima idea. Así siguió por un rato, preguntándome por cada uno de los miembros de mi equipo. Solo pude responder y hablar con dominio acerca de uno de ellos, Juan Gabriel, ya que él era amigo mío y, por razones obvias, sí conocía sus motivaciones. De los demás, solo demostré un desconocimiento profundo.

—Si usted no sabe qué motiva o desmotiva a cada uno de ellos, si no conoce la realidad que están viviendo, podrá hacer lo que quiera desde el punto de vista de estrategia o de ejecución, pero los resultados que están en ese reporte —dijo señalando la basura— jamás mejorarán. Como líder, debe entender que ellos son quienes traen los resultados, usted lo único que debe hacer es garantizar que tengan las condiciones, el ambiente y las herramientas óptimas para exceder sus objetivos. Y eso solo se logra cuando usted entiende a profundidad el contexto de cada persona —concluyó.

Años después, escucharía una frase que resume magistralmente lo que aprendí aquel día con ese gran jefe que era Juan Pablo: como líder, tú no administras ni números ni resultados; administras emociones, y si lo haces bien, los resultados llegarán solos.

Esa es la magia que hay en los otros. Cuando garantices que los demás brillen y sean exitosos, tú brillarás. Algún día otro mentor me dijo:

—Tienes que ser capaz de voltear la linterna hacia los demás, quitártela de encima, para que no te alumbre a ti solo. Si la volteas y alumbras a los que te rodean, ellos se iluminan y la luz de todos ellos terminará reflejándose en ti.

Quienes han descubierto esta poderosa fórmula de reconocer la magia que hay en los otros, practican todos los días lo que decía Nelson Mandela: *ubuntu*. Esta palabra de origen africano significa "yo soy gracias a ti", "yo soy porque nosotros somos". Es una práctica y una cultura de comportamiento colectivo, donde todos ganan, todos brillan, y el brillo colectivo produce un gran resplandor.

"Una persona con pensamiento y cultura *ubuntu* es abierta y está disponible para los demás, respalda a los demás, no se siente amenazada cuando otros son capaces y son buenos en algo, porque está segura de sí misma, ya que sabe que pertenece a una gran totalidad, que se decrece cuando otras personas son humilladas o menospreciadas, cuando otros son torturados u oprimidos", describe el portal Inspiringforaction.

Este pilar está centrado en demostrar que la gente que entiende y se apalanca en la magia de los otros termina brillando más de lo que brilla por sí sola. De esta forma, estas personas y organizaciones son capaces de ahorrar el 70 % de su energía y más, como los gansos canadienses, que, como veremos la siguiente sección vuelan juntos formados en una "V". Quienes entienden el poder que hay en la diversidad, no solo de género, de credo o de raza, sino, más importante aún, de pensamiento, son capaces de ver todo el elefante y no solo sus partes. Estas personas y organizaciones hacen del respeto un valor no negociable de sus vidas y son capaces de ceder en sus intereses individuales para ponerlos al servicio de los demás.

Quienes han descubierto la magia que hay en los otros, comprenden a la perfección que solo varias luciérnagas son capaces de producir el brillo suficiente para que las seleccionen a todas, garantizando de esta forma su perpetuidad y legado.

Y tú ¿has arrojado luz sobre los demás? ¿Has sido *ubuntu* con quienes te rodean? ¿Has descubierto la magia que hay en los otros?

La colaboración
de los gansos

Es probable que todos hayamos oído acerca de la mágica fórmula que les permite a los gansos canadienses volar hasta a más de 9000 metros de altura y cubrir 2400 kilómetros en tan solo veinticuatro horas con un viento favorable. Para dimensionar la magnitud de estas cifras, otorgadas por la National Geographic, esa es aproximadamente la distancia que hay que recorrer en carro desde Miami hasta Nueva York.

Los gansos tienen cinco grandes secretos que les permiten lograr tan alto estándar de eficiencia.

El primero es que vuelan formando una "V", y esa formación les permite ahorrar hasta un 70 % de energía en comparación con volar solos. Este ahorro lo logran porque cada uno vuela ligeramente por encima del otro, creando con su aleteo una corriente de aire ascendente alrededor de las puntas de sus alas. Entonces, el ave que se forma atrás puede gastar menos energía volando en este punto de aire ascendente. El concepto es similar al que utilizan los ciclistas en una carrera, cuando montan uno detrás de otro para ahorrar energía. Para los gansos, gastar menos energía significa volar distancias más largas. Además, como señala la BBC en su artículo "Por qué las aves vuelan en V", en esta formación es más fácil seguir y ver a cada pájaro en el grupo, facilitando de esta forma la comunicación y coordinación de la manada.

El segundo secreto es que, cuando el pájaro principal que va cortando el viento en la punta, y de hecho es el que está haciendo el mayor esfuerzo, se cansa, se retira del liderato yéndose para atrás, y otro pájaro se mueve al frente para reemplazarlo como el nuevo líder de la manada.

El tercero es que los gansos se mantienen alineados todo el tiempo, porque si uno se sale de formación, descubre que le cuesta mucho más esfuerzo avanzar. Por eso nunca vas a ver que un ganso logre llegar solo a su destino. Siempre se mantienen en bandada, salvo cuando se están reproduciendo, que permanecen en el área del nido.

El cuarto consiste en que, durante el viaje, los gansos van graznando. Lo hacen porque, de esta manera, se animan los unos a los otros para continuar y no darse por vencidos en la mitad del camino. De esta manera, demuestran el poder de soportarse anímicamente los unos a los otros para mantener la cohesión del grupo.

El quinto secreto es que estos animales se ayudan los unos a los otros de forma permanente. Cuando, por ejemplo, un ganso se rezaga del grupo, los dos más fuertes se salen de la formación se ubican enfrente de él y prácticamente le cortan todo el viento, para ayudarlo a volver a conectar con la manada. Incluso llegan el extremo de que si el ganso no resiste más y tiene que bajar a tierra, los dos centinelas lo acompañan, cuidan y protegen hasta que juntos puedan volver a elevar vuelo y alcanzar a la bandada.

En resumen, los gansos han desarrollado la habilidad de ayudarse y cooperar alrededor de un propósito común. De esta forma, al cuidarse colectivamente los unos a los otros, han podido llegar más lejos para preservar la especie.

El trabajo en equipo es la competencia más nombrada, requerida y demandada en las organizaciones. De hecho, considero que este concepto está tan desgastado que se junta con el de *coaching* en una caja negra donde cabe cualquier cosa, problema o dificultad que cuesta trabajo enfrentar o describir. La gente cree que esa caja es mágica, porque si tomas un problema o un reto, como el de trabajar en equipo, y lo pones ahí, después saldrá perfectamente solucionado y la gente cooperará incondicionalmente entre sí.

He tenido casos de clientes a quienes llego porque tienen un problema de trabajo en equipo y quieren hacer un *team building*, pero después de entender la situación a profundidad y de hacer las preguntas correctas, encontramos que se trata es de un problema de liderazgo de una sola persona, con quien hay que trabajar aisladamente, sin tocar a los demás. Con frecuencia, para algunos ejecutivos en la categoría de "trabajo en equipo" caen los problemas que tienen que ver con el incumplimiento de los objetivos y, por consiguiente, con la falta de compromiso del equipo para lograrlos. Tras indagar en estos casos, muchas veces he concluido que los objetivos no están claros, que estos no son interdependientes, sino aislados por área, y que ni apuntan a un único objetivo grande ni logran sumar para el cumplimiento del objetivo superior de la organización. Es decir, que no es un problema ni de equipo ni de compromiso, sino de planeación estratégica.

La verdadera cooperación que caracteriza un equipo de alto desempeño está basada, en gran parte, en los secretos de los gansos.

Así como los gansos se forman en "V" porque saben que ahorran energía, los equipos de alto desempeño que realmente cooperan entienden que si cada uno hace su parte, y confían en la visión que el líder persigue, entonces llegan más rápido y con menos desgaste a cumplir con ese propósito. Un ejercicio que suelo hacer en mis consultorías consiste en pedirle al grupo de líderes que me acompañan en una sesión de planeación estratégica que saquen un papel y escriban cuál es la misión y visión del su equipo o división, o incluso a veces de la compañía. El resultado ha sido sorprendente la mayoría de las veces. Después de un lapso para escribirlo, durante la socialización encontramos tantas misiones y visiones como participantes en la sesión. Esto es como si hubiera una bandada de gansos en la que todos quieren ir a lugares diferentes. Entonces no existiría tal formación en "V", puesto que todos querrían estar en la punta al mismo tiempo. ¿No te suena parecido a la cantidad de reuniones ineficientes donde todo el mundo opina y expresa su punto de vista, pero jamás se llega a un acuerdo?

Los equipos de alto desempeño tienen la grandeza de entender que el líder no siempre puede estar en la punta cortando el viento. Porque mental y físicamente es imposible. Así que cada vez se encuentran más organizaciones que se mueven del modelo piramidal al de estructuras en redes u holísticas, donde la figura de un único líder desaparece y, como en el caso de los gansos, cuando se requiere, una nueva persona toma el liderazgo del proyecto que se esté desarrollando. La revista *Dinero*, en su artículo "Adiós organización piramidal, hola organización en red", define un concepto novedoso llamado la *holocracia*: "Es un sistema de trabajo revolucionario que redefine la gestión y convierte a todos los trabajadores en líderes. Dejando de lado las anarquías y promoviendo la distribución de la autoridad y la capacidad de tomar decisiones; definiendo a las personas no por jerarquía y títulos, sino por roles. El resultado serán organizaciones rápidas, ágiles y exitosas al perseguir objetivos, evitando los planes inamovibles y las fechas inquisidoras". Según esto, un día las organizaciones ya no contarán con un líder único, supuestamente experto en todo, que tiene toda la responsabilidad encima, sino que aparecerán estructuras como estas, en las cuales se van rotando los líderes de acuerdo con la necesidad, tal y como lo hacen los gansos en sus migraciones.

Ahora bien, los integrantes de los equipos de alto desempeño descubren que, como en el caso de los gansos, cuando se salen de la formación les cuesta mucho más trabajo alcanzar sus objetivos. Así como me he encontrado organizaciones cuyo reto inicia desde la planeación, conozco incluso de primera mano otras que ya tienen absolutamente claro el plan. De hecho, creo que esa es una de las fortalezas de Microsoft: cuando trabajaba allí, la planeación estratégica era sagrada y se caracterizaba por su profundidad y nivel de detalle. Estimo que se dedicaban en total cerca de treinta días al año a la planeación inicial y a la revisión de mitad de año. Creo que eso es lo correcto: dedicar al menos el 8 % del tiempo a planear y el 92 % restante a ejecutar lo acordado. Me sorprende que aun hoy en día haya organizaciones que consideren una exageración que uno les diga que el proceso de planeación puede llegar a tomar más o menos cuatro sesiones de ocho horas cada una. Eso es técnicamente el 1 % del año. En el caso de Microsoft, después de un exhaustivo trabajo, y una vez acordado el plan, se procedía a ejecutarlo tal y como se había acordado en la planeación. Claro, sobre el camino siempre surgen ideas creativas, o aparece una oportunidad aparentemente extraordinaria que no podemos dejar pasar, pero ese es exactamente el caso del ganso que se sale de la formación: entre más gansos se salgan, más recursos se consumirán, más tiempo tardarán en llegar y, más importante aún, la bandada jamás cambiará su ruta, por seguir a un ganso que indisciplinadamente se desalineó. Así que entre menos personas se desalineen del plan, mayor será la eficiencia y el alcance del equipo. Sin embargo, los procesos de planeación estratégica deben incluir revisiones trimestrales que aporten la flexibilidad necesaria para replantear el plan de llegar a ser necesario. Pero lo acordado en estas alineaciones es lo que se debe honrar y ejecutar.

Por otro lado, así como los gansos en su recorrido van graznando para animarse los unos a los otros, los equipos organizacionales deben implementar la misma práctica. Usualmente, lo que uno encuentra en las organizaciones es gente que está desanimando a los demás, porque es más fácil criticar que ponderar; es más fácil demeritar que reconocer.

Como los gansos, las organizaciones deben crear culturas con alto nivel de estímulo, un ambiente donde no quepa el desánimo y todos se apoyen entre sí en pos de lograr ese objetivo común.

Por último, los miembros de un equipo de alto desempeño deben ayudarse los unos a los otros permanentemente. Pero no de palabra, sino con actos. ¿Te has preguntado cuántas veces has visto en tu equipo organizacional que alguien sacrifique sus logros individuales por devolverse a ayudar a un compañero rezagado? Pasa con frecuencia en el equipo familiar, por la naturaleza del amor, de padres a hijos o entre hermanos, pero en la vida corporativa se ve muy pocas veces. Cuando la prioridad en las organizaciones es el logro individual, el ego no nos permite desprendernos de nuestros intereses individuales.

Yo sí tuve el privilegio y el placer de recibir ayuda de un ganso que, cuando vio que yo estaba rezagado, se devolvió y me acompañó a alcanzar de nuevo el grupo. Como es normal en las organizaciones, y especialmente en los equipos de ventas, siempre hay una segmentación que divide los territorios por algún criterio, y, de acuerdo con esta división, estos son asignados a los diferentes vendedores o gerentes de territorio o de cuenta. Pero, en la mayoría de los casos, esas líneas divisorias entre territorios son grises, así como las que dividen las responsabilidades de cada cargo. Pues esta no fue la excepción.

En un año de esos difíciles por las condiciones de mercado, me encontraba liderando el negocio de pequeñas y medianas empresas, el cual pertenecía a una división mayor que contemplaba también las grandes corporaciones y los canales de distribución. Así que la división del territorio siempre se hacía entre las grandes corporaciones y las organizaciones que tenía bajo mi responsabilidad. Ese año, yo iba muy mal en cumplimiento, al contrario del segmento de corporaciones. Faltando quince días para el cierre fiscal y estando al 95 % de cumplimiento de mi meta, con muy pocas perspectivas de alcanzarla, apareció un típico negocio de esos que estaban en la línea gris. Era una empresa que, por sus características, claramente pertenecía a corporaciones, y no al segmento que yo manejaba (pequeñas y medianas empresas), pero, por alguna razón, cuando establecimos qué compañías se consideraban del segmento de corporaciones, no incluimos en este aquella empresa. Las empresas que habíamos acordado en esa lista eran las que yo no podía atender, y, en cualquier caso, le sumarían buenas las ventas a mi compañero, quien estaba a cargo del segmento corporaciones. Sin embargo, debido a que aquella empresa no había sido incluida en el listado de corporaciones, me pertenecía, aunque por las características y necesidades de servicios y atención, debería corresponder al otro segmento.

Entonces, para zanjar el asunto, mi jefe tomó una decisión muy diplomática y nos encargó resolver el problema entre nosotros dos. Yo iba al 95 % en cumplimiento y el otro segmento, liderado por mi amigo, iba al 110 %. Es decir, él ya tenía el año hecho y su variable y bono en el bolsillo. En el modelo de compensación de Microsoft, el valor del bono crecía exponencialmente a partir del cumplimiento del 100 % de la meta. Así que este negocio pondría fácilmente a mi amigo al 116 %, y su bono sería muy generoso y significativo para él. En mi caso, el negocio me pondría al 100 % de cumplimiento, cifra para la cual el bono era bueno, pero más importante que eso, me permitiría salvar mi reputación de cerrar el año cumpliendo. Por esta razón, la decisión no era fácil, pues nos afectaría dramáticamente a los dos. Para mi sorpresa, este ganso extraordinario tomó la decisión de salirse de la formación y hacer un sacrificio individual para ayudarme a alcanzar a la bandada, y que ese año no me quedara rezagado.

—Nico, yo sé que con ese negocio la saco del estadio y me meto un bono espectacular. Pero usted se va a quedar por debajo del cumplimiento y se la van a cobrar duro. Así que tome ese negocio usted, vaya y ciérrelo, póngase al 100 % de cumplimiento. Y algún día tendrá la oportunidad de hacer lo mismo por mí —me dijo.

¡Qué grandeza! A eso me refiero cuando hablo de pasar de las palabras a los actos. La mayoría de la gente siempre está dispuesta a ayudar a los demás, pero mientras no le toquen sus bolsillos o sus intereses. Los integrantes de un equipo que son incondicionales a la hora de ayudar, como los gansos, incluso ponen los objetivos del equipo por encima de sus propios intereses y beneficios. Jamás olvidaré este acto de generosidad, que no solo habla de la capacidad de ser un buen miembro de equipo, sino de los tremendos valores de esa persona, que hoy continúa siendo uno de mis mejores amigos. Algún día te lo retornaré JGG.

No hay mayor privilegio en la vida que pertenecer a grupos, equipos y comunidades donde los demás quieren ayudarte de corazón, incondicionalmente. No solo cuando estás rezagado, sino incluso cuando tienes que descender a lo más profundo, tocar fondo y rebotar para volver a iniciar tu vuelo. Hacer esto solo es muy difícil, porque en ese descenso la mayoría de las veces pierdes el ánimo y la esperanza. Necesitas de la compañía y el apoyo de otros gansos, de esos fuertes y grandes de espíritu, que son capaces de acompañarte y ayudarte incondicionalmente a volver a despegar.

Esa es la suerte que he tenido en mi vida. En el ámbito personal, en mi paso de empleado a empresario, en mi reinvención, como ya lo he compartido, tomé el riesgo de salirme y obtener un salario significativamente inferior al que ganaba en Microsoft. Con Cris, mi esposa, creímos que íbamos a ser capaces de reducir nuestros gastos para establecer un punto de equilibrio con el nuevo nivel de ingresos. No fue así. Cuando tienes un estándar de vida definido, sea el que sea, bajar a la tercera parte o a la mitad el ritmo en que vives es imposible. A menos que estés dispuesto a cambiar todo tu estilo de vida —ciudad, estrato, educación y la comunidad de la que te rodeas—, nunca lo vas a lograr. Así que, en nuestro caso en particular, caímos en una tremenda descapitalización y déficit en el flujo de caja, con el cual comenzamos a incumplir varios compromisos económicos importantes. En el momento más crítico de esta crisis, un grupo de gansos, incluidos familiares y amigos, salieron a acompañarnos hasta el suelo para darnos el soporte que requeríamos para reiniciar el vuelo. En particular, quiero compartir el acto de una pareja de amigos que nos apoyó con unos recursos más que generosos; pero lo más lindo e importante que hicieron, y que fue lo que me llenó de ánimo y esperanza para intentar reiniciar el vuelo y alcanzar de nuevo a la bandada, fue decirme:

—Esto no es para que nos lo devuelvas algún día, no es para que sientas que tienes un compromiso o una deuda con nosotros; por el contrario, es para que recuperes la esperanza, para que estés tranquilo emocionalmente y puedas concentrarte en tu trabajo. Es para que seas exitoso, porque te lo mereces.

Es difícil que algún día olvide a esos gansos. Recuerdo incluso que uno de los momentos más emocionantes de esta crisis fue cuando, frente a ese acto de generosidad de nuestros amigos, Cris me dijo que se había reivindicado con la amistad y que reconocía lo importante que era inculcar en nuestra familia el valor que tienen los amigos en la vida. No hay como vivir rodeado de gansos que comprenden el valor de la unión, la lealtad y la incondicionalidad, haciéndonos ver el poder de la magia que hay en los que nos rodean.

¿Has pensado a cuánta gente has ayudado a recuperar en tu bandada? ¿Qué sacrificios individuales has hecho en beneficio de quienes te rodean? ¿Te has comprometido con la visión de tu organización, incluso con la de tu propia vida, para mantenerte alineado con los demás y poder alcanzarla? Solo así podrás descubrir no solo la magia que hay en los demás, sino la que hay en ti mismo.

La diversidad
en el elefante

Que nunca te pase que termines viendo espadas, culebras, árboles, cuerdas, paredes, ventiladores, o cualquier otra cosa, en vez de ver el gran elefante que tienes enfrente, como les sucedió a los cinco personajes de esta historia.

Un buen día pusieron a cinco ciegos a palpar un elefante para que dijeran y describieran lo que estaban tocando. Ubicaron a cada uno en diferentes partes del cuerpo del animal, sin decirles de qué se trataba, y les dejaron tomarse su tiempo para que pudieran describir con detalle qué era lo que tocaban.

Al primero de ellos le pusieron a tocar el colmillo: pasó sus manos suavemente por la punta y, teniendo cuidado de no cortarse, dijo:

—Estamos tocando una espada, muy larga y gruesa, con un filo muy peligroso, por eso les recomiendo que tengan mucho cuidado con sus manos.

—No, hombre, no sea bruto, estamos tocando una culebra. Es muy grande, larga y fuerte —dijo el segundo, quien acariciaba la trompa—. Yo de ustedes me cuido, no vaya y sea que nos pique a todos y los mate con su mortal veneno.

—Usted sí está perdido —refutó, por su parte, el que había tocado una pierna—. ¡Cuál culebra! Estamos tocando un árbol. Acá estoy rodeando su tronco, y aunque aún no alcanzo las ramas, si me ayudan de pronto encontramos sus frutos.

—¿Una culebra, un árbol? —se burló el que estaba tocando la cola—. ¿Qué les pasa a ustedes? Nos dieron fue una cuerda, es más, se está deshilachando y toca hacerle un nudo en la punta para que no se termine de ir.

—Es una pared, mal pañetada, pero es una pared —aseguró con calma el que estaba enfrente de la barriga.

El último de ellos, al que habían subido al lomo y ubicado detrás de las orejas, dijo agresivo y arrogante:

—¡Ustedes sí son brutos! ¿Cómo es posible que su ceguera no les deje entender que estamos enfrente de un ventilador?

Eso es lo que pasa cuando no tenemos diversidad de pensamiento: terminamos percibiendo espadas, culebras, árboles, cuerdas, paredes, ventiladores o cualquier otra cosa, pero jamás seremos capaces de saber que es un elefante lo que tenemos al frente. Nos pasa lo mismo que a estos cinco ciegos, que no pudieron entender que cada uno estaba tocando una parte diferente, y a pesar de que todos en cierta medida tenían razón no fueron capaces de unir las piezas y trascender sus perspectivas para descubrir que estaban tocando un elefante.

El elefante de esta historia representa la verdadera oportunidad, amenaza o realidad que cada uno de nosotros tiene que entender y afrontar en el mundo VUCAA. Pero cuando no apreciamos, valoramos y respetamos los puntos de vista de los demás, entonces percibimos solo partes.

La diversidad y la inclusión son temas que hoy están en primera línea en las agendas de las organizaciones, los colegios e incluso los hogares. Sin embargo, unos países van más avanzados que otros en este gran dilema de la humanidad. Porque la carencia de la diversidad dentro del *set* de valores es lo que, entre otras cosas, ha causado varios de los grandes conflictos que ha atravesado nuestra civilización.

Desenredar el complejo nudo que ha significado este tema para el hombre ha sido objeto de estudios y teorías de decenas de filósofos, pensadores e intelectuales a lo largo de la historia de humanidad. Yo quisiera apalancarme en un concepto magistral del actual líder de la Iglesia católica, el papa Francisco. Dice él que para arreglar la descomposición que vive la sociedad debemos regresar a su componente más pequeño y funcional: la familia. De la propuesta del Papa interpreto que, si somos capaces de recomponer ese organismo que es la familia y logramos que ahí crezcan niños en los valores como el respeto, la honestidad, la compasión y la solidaridad, los gobiernos y las instituciones tendrían la tarea más fácil a la hora de desarrollar una sociedad más justa, con igualdad de oportunidades para todos. Magistral concepto. Por eso, quiero abordar este tema de la diversidad y la inclusión no desde lo macro, sino desde lo micro, que es donde debe comenzar el cambio: en cada uno de nosotros como individuos.

Como ya he comentado, la vida corporativa fue una experiencia que me mostró el desprecio que tenemos los seres humanos por las diferencias de pensamiento. Alguna vez, los gerentes de la región andina de Microsoft tuvimos la oportunidad de participar en un estudio de personalidades para entender nuestro estilo y cómo mejorar nuestras interacciones como equipo. Un buen día, nos invitaron a un teatro a alrededor de sesenta gerentes —es decir, personas que teníamos gente a nuestro cargo— para mostrarnos los resultados. Después de una larga explicación del modelo, el consultor proyectó una lámina donde había una cuadrícula con dieciséis cuadrantes que resumía los tipos de personalidades que había arrojado el estudio. Un montón de puntos habían sido ubicados con cuidado en ella, evitando que se pisaran los unos con los otros y se pudiera ver con claridad en qué cuadrante estaba cada uno de los gerentes. En la lámina no aparecían los nombres de cada uno de nosotros, pero sí teníamos en nuestras manos el reporte individual, que nos indicaba cuál era nuestro perfil y, por lo tanto, el cuadrante que nos correspondía.

Para sorpresa de todos, de los sesenta asistentes, cincuenta y ocho se encontraban repartidos entre los cuatro cuadrantes ubicados abajo a la izquierda. Estos describían a las personas que, en general, están orientadas a los procesos y a seguir órdenes, que son poco flexibles, basan su pensamiento en métodos y suelen ser introvertidas, calladas, poco expresivas y centradas, entre otras características. Los dos puntos restantes se encontraban en el extremo opuesto, el superior derecho. Este describe a las personas adversas al método y a los procesos, y que son orientadas y motivadas por la creatividad, la imaginación, el riesgo, el humor. Son personas abiertas, apasionadas y comunicativas, por lo regular desordenadas, poco enfocadas y centradas.

Recuerdo que apenas apareció la lámina en la pantalla desató una enorme carcajada entre todos los asistentes. Obviamente comenzaron las especulaciones acerca de quiénes eran los dos puntos disidentes y no demoraron mucho en adivinar que éramos una compañera y yo. Ella había sido contratada precisamente por su pasión, su elocuencia, su tremenda creatividad y su gran capacidad de conectar con la gente.

El grupo continuó por largo rato burlándose de nosotros, mientras ella y yo observábamos con horror lo que estaba sucediendo. Durante mucho tiempo ambos recordamos este inolvidable momento de ceguera y desprecio por el valor de la diversidad de las personas. ¿Se imaginan ustedes un equipo donde todos piensen igual y tengan el mismo estilo, el mismo acercamiento frente a los retos y la misma forma de resolver los problemas? ¿Qué tipo de soluciones diferentes o eficaces pueden traer? En las organizaciones, este problema es más común de lo que creemos, porque los sistemas de selección están hechos para identificar gente que tenga empatía con la cultura organizacional, lo cual es muy válido, pero, sobre todo, empatía con quien será su jefe. Una persona jamás va a contratar a otra que la haga sentir incómoda con su pensamiento o su estilo, a menos que lo haga intencionalmente. Así es como los equipos terminan siendo un fiel espejo de lo que es su jefe. Todos igualitos, pensando de la misma manera y dando soluciones a los problemas siempre desde el mismo punto de vista. Craso error. El valor de la diversidad es precisamente ese, y es que te da la oportunidad de rodearte de gente que ve las cosas de forma diferente. Así, cuando creas estar frente a un árbol, ellos pueden ser capaces de mostrarte que, en realidad, estás tocando la pata de un elefante.

En general, podemos identificar cuatro tipos de personas según su estilo de pensamiento: creativas, relacionales, numéricas y de procesos. Las compañías y los consultores de recursos humanos han desarrollado más modelos, pero al final todos están basados en esta simple pero clara clasificación. Unos utilizan colores, otros arquetipos, otros dieciséis subclasificaciones —como el estudio que nos hicieron en esa oportunidad—, pero al final del camino todos remiten a una clasificación similar.

Para entender mejor este tipo de personalidades, existen múltiples modelos, pero el que más me gusta es la prueba BTSA (Test Benziger Thinking Styles Assessment). A continuación me gustaría compartir lo más valioso que experimenté al enfrentarme a este modelo, y lo que aprendí desde ese punto de vista acerca del poder de la diversidad.

El *coach* que hizo mi lectura el día que realicé esta evaluación de carácter personal me explicó que uno de los elementos importantes que hay que entender es que hay estilos que se repelen y otros que se complementan. El estilo creativo se repele con el de procesos y, a su vez, el numérico con el relacional. Por otro lado, el creativo se complementa con el relacional, porque en ambos casos el hemisferio cerebral derecho se encuentra más fortalecido, y el numérico se complementa con el de procesos, porque corresponden a un desarrollo mayor del hemisferio izquierdo del cerebro. En el caso de los que se repelen, la explicación es clara. Imaginemos a una persona creativa sentada enfrente de una de procesos. La creativa da treinta ideas por minuto, y la de procesos la mira desesperada y piensa: "¿Pero por qué no para de dar ideas y simplemente ejecuta una?". A una persona de procesos le cuesta mucho trabajo entender el modelo creativo. A su vez, al creativo le cuesta trabajo entender por qué para el otro es imposible saltarse una etapa del proceso, porque para él lo importante es llegar al resultado. Estos dos estilos chocan mucho, porque técnicamente el uno ve al otro como disperso y desordenado, y el otro lo ve como cerrado y psicorrígido.

Por su parte, a los numéricos y a los relacionales les pasa lo mismo. Los relacionales se basan en la gente y para ellos prima siempre el factor humano sobre los números. En cambio, para los numéricos lo primero que hay que cuidar son los resultados, los números y las finanzas, y después, si acaso, a la gente. Imaginémonos a estas dos personalidades expuestas a una situación de reto financiero en la organización. El numérico, entre otros recortes de gastos, llega a la conclusión de que hay que despedir a un número significativo de personas, pero el relacional se opone rotundamente. Así que una organización donde hay los cuatro tipos de pensamiento vive en una discusión permanente.

No era lo que pasaba con el grupo de gerentes que fuimos evaluados ese día. Cuando la gente se parece, hay menos conflicto, menos discusión, y eso es lo que en general quieren los jefes, por eso buscan gente igual a ellos. Pero si uno, entendiendo el poder de la diversidad, decide rodearse de personas de varios estilos, encontrará la magia que hay en los otros. Iniciará los proyectos con el creativo, que produce muchas ideas, el de los números los analizará y concluirá qué idea es la más viable y la más rentable. El relacional, por su parte, juntará un equipo necesario y balanceado, y el de procesos implementará y controlará la ejecución con excelencia. Este es un ejemplo de la magia y el poder que hay en la diversidad.

Como mencioné en otro capítulo, hace poco asistí a un evento donde el orador que cerraba era nada más y nada menos que el expresidente de los Estados Unidos Barak Obama. Su entrevista cubrió varios temas, y uno de ellos fue precisamente la importancia de la diversidad y la inclusión en las organizaciones. Me impactó un concepto en particular, al cual se refirió cuando le preguntaron por qué es importante tener un equipo diverso en las organizaciones.

—Si en los Estados Unidos de América tú te das el lujo, por ejemplo, de no tener un solo afroamericano o un solo latino en tu equipo directivo, entonces te perderás de la mitad de la oportunidad del mercado estadounidense. Porque los afroamericanos y los latinos son más del 50 % de nuestra población —respondió con simpleza y con la seguridad que solo te da el haber estado sentado en una de las sillas más influyentes del mundo.

Poderoso punto de vista. No te puedes dar el lujo de no tener un equipo diverso, porque no entenderás la totalidad del mercado o de las audiencias con que interactúas. No tendrás a nadie que te haga ver lo que tú no eres capaz de ver. Las organizaciones que están cargadas de un solo estilo de pensamiento se están perdiendo de una gran parte del mercado, porque no son capaces de ver el todo, de ver el elefante, sino únicamente lo que su ciego estilo de pensamiento les permite ver.

Recuerdo con bastante emotividad un día en que, meses después de cambiar a nuestra hija de colegio, nos encontrábamos enfrente de ella en una presentación que debían hacer todas las compañeras de curso. Ella venía de un colegio cuyo modelo, como he comentado, estaba basado en la excelencia académica, por lo tanto, quienes no podían mantener el ritmo eran discriminados en silencio por el sistema, hasta el punto en que algunos sufrían graves impactos en su autoestima. Así que todos los niños que permanecían ahí tenían capacidades intelectuales destacadas. Pero los que, por ejemplo, no eran hábiles en las matemáticas, como en el caso de mi hija, no encontraban un espacio acogedor y mucho menos respetuoso en esa comunidad.

En el nuevo colegio nos encontrábamos frente a sus compañeras, un grupo de amigas totalmente diverso e incluyente. Por política, esa institución recibía niñas con discapacidades físicas y cognitivas, una situación inimaginable en el colegio anterior. Entre las nuevas compañeras de nuestra hija había una con una dificultad cognitiva a la cual le costaba un tremendo esfuerzo leer. La dinámica de la presentación, que las niñas habían preparado entre todas para sus padres, consistía en que se iban turnando para presentar la lámina que les correspondía. Cuando llegó el turno de esa tierna niña, se tensionó el ambiente, puesto que le fue imposible leer y presentar las líneas que le correspondían.

Fue entonces cuando sucedió este acto mágico y emotivo que tanto recuerdo. Después de un momento, sus amigas y compañeras de curso comenzaron a decirle las líneas que ella debía repetir en un tono muy bajo, pero asegurándose de que ella las alcanzaba a oír. Y así transcurrieron tres minutos escalofriantes, que dejaban ver la humanidad que habita en un niño, en la solidaridad, en el respeto y en la complicidad para el bien que tanto hace falta en nuestra desgastada sociedad. Era difícil contener la emoción y el llanto, pero yo lo logré, por lo menos hasta que salimos del salón. Recuerdo fielmente las palabras que le dije a Cris:

—Este es el mejor regalo que le hemos dado a nuestra hija, haberla puesto en esta maceta no tiene precio. Es una donde va a crecer en un ambiente de diversidad, de inclusión, de solidaridad, de respeto por los demás y de aprecio por la humanidad en cualquiera de sus expresiones. Podrá tener un costo en su formación académica, pero se va a compensar con creces en la formación de sus valores, que en nuestro caso siempre ha sido y será la prioridad.

Años después tomaríamos la misma decisión con nuestra segunda hija, a quien pusimos en una nueva maceta donde ella misma descubrió que cada persona vale por sí sola, sin tener que tratar de parecerse a los demás constantemente.

La discusión sobre la inclusión y la diversidad en las organizaciones y en la vida en general ya no puede ser tan solo una de género o raza. Debe complementarse con la de estilos de pensamiento, e incluso con la de niveles de habilidades blandas y cognitivas.

En una de las empresas de las que hoy en día soy socio tuve una discusión, pues había una colaboradora que evidentemente no era tan rápida de pensamiento. No era sagaz y a veces le costaba incluso conectar temas y hacer relaciones e inferencias. Tuve una tremenda presión por parte del equipo para despedirla, con el argumento de que no les servía su nivel de soporte e incluso les molestaban los errores que a veces cometía. Sin embargo, siempre me opuse, porque unos de sus valores eran la lealtad y la honestidad. Así que un buen día les dije:

—Inclusión es también darles la oportunidad a personas que laboralmente no tienen el mismo nivel de pensamiento ni de desempeño que todos los demás. Si no es así, ¿entonces qué hacemos con las personas menos favorecidas intelectualmente? ¿Las desechamos, como hemos hecho con la gente de color en los inaceptables momentos de discriminación racial que ha sufrido la humanidad?

Estoy seguro de que todas las personas, sin importar su condición, son valiosas y nos ayudan a percibir la parte del elefante que no tenemos cerca, a curar nuestra ceguera, a entender el poder de la diversidad y a descubrir la magia que hay en los otros.

El irrespeto
de las ranas

Un grupo de ranas se movía rápido por la selva en busca de su guarida. El cielo anunciaba una torrencial lluvia, a la cual debían escapar para salvar sus vidas. En la mitad del camino, justo cuando el sol comenzaba a caer y la luz ya tenue del crepúsculo no alcanzaba a iluminar el camino, el grupo entero cayó a un hoyo de más o menos un metro de profundidad. Las ranas cayeron unas encimas de otras y en la angustia se pisoteaban entre sí, tratando de buscar espacio y apoyo para poder brincar y salir del hueco. Lentamente, tras varios esfuerzos, las más ágiles y rápidas fueron saliendo una por una de esa temerosa trampa. Tras varios minutos, todas las ranas habían logrado escapar y regresar de nuevo al camino, excepto una, que quedó atrapada en el fondo del hueco. Era la rana más vieja y, justo por su edad, sus capacidades de ver y oír estaban significativamente disminuidas.

El resto de ranas, ya a salvo, al ver lo que sucedía se reunieron a analizar la situación y concluyeron que era prácticamente imposible que la rana saliera del hoyo, dadas sus condiciones físicas y su avanzada edad. Así que decidieron abandonar a su compañera, pero con la condición de que la ayudarían a resignarse y entregarse rápido a la muerte, para que ellas pudieran continuar su camino con la tranquilidad de que la anciana había aceptado que ese era su final y descansaría en paz.

Así que todas las ranas regresaron al hoyo y lo rodearon como en un acto de solidaridad y fraternidad. Cuando llegaron, con sorpresa se encontraron a la anciana rana dando unos saltos fallidos, que no alcanzaban ni la mitad de la altura que necesitaba para salir. Al unísono, todas sus compañeras comenzaron a gritarle con desespero y angustia: "No lo intentes más, es imposible, no lo vas a lograr", "Tranquila, te vamos a acompañar hasta el último momento", "Intentarlo te hace daño, te hace sufrir", "No sigas, es inútil, jamás lo vas a lograr". Las ranas, por supuesto, sufrían por el destino inevitable de su compañera, pero también querían continuar su camino a casa y las desesperaba la obstinación de la vieja rana. Entonces, como no se detenía, empezaron a hacerle señas para que se detuviera, invitándola a la resignación, para así poder partir en paz, con la tranquilidad de que habían hecho lo mejor por ella.

Pero, para sorpresa de todas, cuando menos lo esperaban, la vieja rana dio un brinco poderoso, tan fuerte, que sus ancas delanteras alcanzaron a arañar la orilla del hoyo, y con un angustioso esfuerzo, apoyando cada centímetro de su cuerpo sobre la tierra, lentamente fue ganando milímetros hacia la libertad. Sus compañeras, asombradas por el coraje, la persistencia y la decisión de salir del hoyo, le dieron la última ayuda que necesitaba para coronar la cima, y así su vieja compañera logró ponerse a salvo. Apenas recuperó el aliento llovieron las preguntas:

—¿Cómo lo hiciste?

—¡Es imposible! Cada vez tenías menos energía.

—A tu edad no es posible que hayas saltado tanto, todas estábamos seguras de que era imposible que salieras.

Las ranas, confundidas, entre la emoción y el arrepentimiento de haber despreciado la capacidad de su compañera y haber decidido abandonarla, confesaron:

—Es increíble, duramos varios minutos desanimándote para que desistieras, para que no siguieras intentándolo, y tú hacías todo lo contrario.

—Ajá. ¿Ustedes me estaban desanimando para que no insistiera más, para que me resignara y me entregara a dejarme morir en ese hueco? —respondió con tono sabio y pausado la vieja rana.

—Sí —admitieron las otras, apenadas—. Creíamos que era lo mejor para ti.

—Pues como yo no puedo ver bien ni tampoco oír, entendí todo lo contrario —dijo sin ningún rencor y, por el contrario, con una expresión de sincero agradecimiento—. Entendí que ustedes me estaban animando a intentarlo, asumí por sus gestos que esperaban que no me diera por vencida, y fue justo gracias a ese aliento que creí que me estaban dando que lo seguí intentando y aquí estoy, con ustedes, a salvo.

Esta extraordinaria fábula nos permite ver cómo las palabras tienen el poder para enviar a una persona al fondo del hoyo o impulsarla hasta el cielo. De eso se trata el respeto por los demás: de entender enfrente de quién estás parado y calcular tus palabras y tus actos, para nunca sobrepasarte con alguien como resultado de tu desprecio por la condición de esa persona. Estos anfibios no fueron para nada respetuosos con su anciana compañera. Pero gracias a su discapacidad visual y auditiva, esta vieja rana no se enteró de las intenciones de sus compañeras, y eso fue lo que la salvó. Contrario a lo que ellas pretendían, sus palabras y sus gestos fueron interpretados como una voz de aliento, lejos del irrespeto por sus derechos al que sus acompañantes la habían condenado.

Recuerdo cómo un día, iniciando mi primer año en Microsoft, tuve que presentar mi plan de trabajo a un director que carecía del tacto y el respeto que se requieren para hablarle a la gente. Nos encontrábamos enfrente de cien personas haciendo cada uno su presentación de fin de año. Entonces llegó mi turno. Yo tenía tan solo veinticuatro años, y a pesar de mi habilidad para hablar en público me intimidaba estar frente a semejante ícono que era ese director. Comencé bien mi exposición, pero al ver su rostro comenzaron a aflorar mis nervios, los cuales muy seguramente dejé ver en la expresión de mi cuerpo. No habían pasado más de cinco minutos cuando de repente me detuvo, y con una voz amenazante e intimidadora, me dijo:

—¿Por qué estás temblando? ¿Acaso tienes miedo o qué? A ver, dale, te estoy calificando y de uno a cinco vas sacando dos.

Jamás había sentido esa mezcla contrastante entre rabia y ganas de llorar. Sin embargo, pude contenerme y terminar mi presentación, y aunque seguramente para él reprobé, desde mi punto de vista estaba agonizando, pero aún vivo. Hoy recuerdo con humor ese momento, porque me parece increíble que hubiera sucedido. Lo realmente rescatable de esa historia es que el director ese día me mandó al fondo del hoyo, y de paso conmigo se fueron muchos más. Lo que él no sabe es que con ese acto perdió todo mi respeto y mi apoyo, y que de ahí en adelante mi grupo y yo actuábamos frente a él con miedo y desconfianza, y, por supuesto, en ese estado no dábamos todo de nosotros mismos. Así que, si él creía que sus actos y palabras, y ese temerario estilo sacaban lo mejor de nosotros, estaba muy equivocado, porque lograba exactamente todo lo contrario.

Recuerdo de igual modo un caso completamente opuesto. En un programa de desarrollo en el que me encontraba, y en el cual debíamos darnos retroalimentación los unos a los otros, un funcionario para Latinoamérica, de un nivel e influencia bastante significativos, me dijo delante de todos los participantes:

—Nico, tú eres como un comandante: contagias, estás hecho del material de un imán. Te pareces a un magneto, a esos de los cuáles dan muchas ganas pegársele.

No se imaginan lo que sentí después de sus sinceras y halagadoras palabras. Así como el otro director me había mandado al hoyo, este me mandó al cielo.

He querido traer dos casos extremos porque muestran con claridad lo que uno con un sencillo acto puede lograr sacar de cada persona. Los líderes que conocen el poder que hay en los demás buscan constantemente las palabras y el contexto adecuados para enaltecerlos, cuidar su prestigio, elevarlos lo más alto posible y lograr todo su compromiso.

Y tú ¿qué estás haciendo con tus palabras? ¿Estás mandando a las personas al hoyo o al cielo?

¿Eres consciente del valor de los demás? ¿Estás dispuesto a dejar de alumbrarte solo a ti para encender la luz en los otros?

Encontrar un propósito

¿Qué hay en la cima de la pirámide? Quienes no tienen un propósito ulterior claro, un *para qué* que defina y oriente sus vidas, y dé sentido a los objetivos, metas y sueños que persiguen, descubren que no hay absolutamente nada, simplemente vacío.

Tony Dungy, exjugador profesional de fútbol americano y hoy autor en temas de liderazgo, desarrolla en un apartado extraordinario de su libro *El líder mentor* su teoría sobre la importancia de este propósito y sentido que debes tener claramente definidos en tu vida y trabajo. Dice el autor que hay cientos de miles de personas y profesionales en el mundo que se pasan toda la vida escalando en las pirámides del poder, de los estratos sociales o del dinero. Pero cuando llegan a la cima sin un propósito claro, descubren que allá arriba no hay nada nuevo, solo vacío. Es más, descubren que están casados con un extraño, que se están perdiendo de los mejores momentos con sus seres queridos, que no tienen muchos amigos y tampoco un *hobby*. Por el contrario, la gente que produce brillo y esplendor, y se hace seleccionable, tiene perfectamente definido el propósito de lo que hace, sabe cómo manejar el éxito cuando lo alcanza, entiende que lograr un *qué* no tiene sentido si no tienes claro el *para qué*.

Quizá una de las organizaciones con mayor claridad respecto a su propósito, y que ha logrado unos resultados extraordinarios en sus cincuenta años de existencia, es Starbucks, que ya he tomado como ejemplo en otros momentos a lo largo de esta obra. En el libro *La experiencia Starbucks: 5 principios para convertir lo ordinario en extraordinario*, de Joseph Michelli, se narra una historia real que nos permite entender el propósito superior de esta gran organización.

Cuenta el autor que una clienta llegó a una tienda de Starbucks en Illinois y, cuando estaba mirando el menú colgado en la pared, comenzó a temblar levemente.

—¿Le puedo ayudar en algo? —preguntó la barista que la estaba atendiendo.

—Es que estoy muy nerviosa —respondió la clienta. Me acaban de contar que mi esposo tiene una enfermedad terminal y le quedan tan solo unos pocos meses de vida. Y es tal la pena moral que tengo, que no soy ni siquiera capaz de pedir un café.

—No se preocupe, yo la acompaño —respondió la mujer, sirvió sendos capuchinos, salió del mostrador y se sentó a hablar con ella.

Cuenta el libro que para la clienta ese momento fue tan importante, que comenzó a ir día de por medio a compartir con el personal de la tienda el proceso de la enfermedad de su esposo, quien murió antes de lo que el médico había previsto.

Ese día, todos los empleados de la tienda solicitaron permiso para ir al entierro. El jefe regional aceptó, así que cerraron el punto, pusieron un letrerito en la puerta explicando la razón de su ausencia y se fueron para el entierro.

Los clientes cotidianos de esa sucursal comenzaron a llegar por su café matutino y cuando descubrieron el motivo del cierre, se empezaron a quejar, a tal punto que tuvieron que llamar a la autoridad, quien solicitó la presencia del director de zona que había concedido el permiso. Cuando llegó, le preguntaban casi a gritos que cómo era posible que una organización tan seria como esa permitiera una situación tan absurda y que los demás clientes se quedaran sin café porque sus empleados se habían ido al entierro del esposo de una clienta. A lo cual, el director regional, palabras más palabras menos, respondió:

—Claro que es posible, porque nosotros nos dedicamos a la gente, y de paso vendemos café.

Ese es el propósito y la forma en que sus empleados se conectan con él. Eso es lo que hace que una empresa sea superior, brille y produzca esplendor, volviéndose seleccionable, como Starbucks.

La reflexión que vamos a tratar en este último pilar es sobre la importancia de preguntarnos a qué nos dedicamos realmente y, de paso, por qué hacemos lo que hacemos en nuestro trabajo.

El propósito superior de las personas y las organizaciones debe nacer de adentro y luego proyectarse hacia afuera, para que no te pase lo mismo que al ratón, que se queda siempre igual. El propósito está íntimamente definido por lo que amas, por eso que te hace despertarte todos los días, como el panda cuando va a buscar su comida. El propósito debe ser uno solo, porque, en tanto que individuos, debemos perseguir un único propósito superior en nuestra vida. Y, finalmente, el propósito superior debe estar guardado en lo más profundo de tu ser, que es tu esencia, tu centro, eso que te hace único y especial, y la razón por la cual te terminarán seleccionando.

La falta de integridad del ratón

Un día, un ratón liberó de una lámpara mágica a un genio y éste, agradecido, le dijo:

—Como me has liberado, te voy a conceder cuatro deseos.

—¡No puedo creerlo! ¡Yo no puedo ser tan suertudo! ¡Esta es la oportunidad para lograr todo lo que he deseado en mi vida! —contestó el ratón, preso de la emoción—. Quiero convertirme en un gato, ese ser que me ha perseguido toda la vida. Ahora sí van a ver ustedes la venganza del ratón.

El genio dio un golpe con una varita en el aire y el ratón quedó convertido en un hermoso gato, con rayas amarillas y blancas que simétricamente recorrían todo su cuerpo. El ratón, al verse atrapado en este nuevo empaque, exclamó:

—¡No lo puedo creer! ¿Esto es todo? El gato es lo mismo que un ratón, tiene las mismas cuatro patas, el mismo bigote, las mismas orejas, el mismo hocico… Es increíble, ¿por qué la gente hablaba tanto del famoso gato? Es más, ya no quiero serlo. Voy con mi segundo deseo. Quiero que me convierta en un perro, porque como los perros son los que persiguen a los gatos, entonces ahora sí voy a cobrar mi venganza, los voy a perseguir convertido en un perro hermoso, un gran danés, el más grande de todos.

El genio volvió a dar un golpe en el aire con su varita y el hermoso gato quedó convertido en un perro gris, con unos ojos penetrantes, esbelto, afinado y estilizado; un perro que producía sin duda la intimidación y el respeto que tanto quería el ratón. Éste se observó en el nuevo cuerpo, trató de disfrutarse, de valorarse, pero tras un silencio incómodo, dijo con desilusión:

—Es increíble, pero este cuerpo de perro es lo mismo que el de un gato. Es más alto, y produce un poco de mareo, pero la verdad no veo ninguna diferencia. Tiene incluso varios defectos que yo siendo ratón no tenía. No se puede esconder fácil, es torpe, poco astuto y carece de la capacidad de sorprender a su presa. Por eso mi tercer deseo es convertirme en un tigre: feroz, gigante, intimidante, con rayas negras que crucen todo mi cuerpo, unas garras enormes y un gran poder que se note en cada uno de mis músculos.

Una vez más, en un acto mágico provocado por su poder inigualable, el genio convirtió al gran danés en un tigre aún más hermoso y poderoso, que sin lugar a duda producía miedo y le permitiría al ratón imponerse sobre todos aquellos que lo habían perseguido y acechado durante toda su vida. Pero no pasaron sino pocos segundos para que ese nuevo tigre comenzara a bufar muy molesto:

—¡Inaceptable! Este tigre es igual que el primer gatico, un poco más grande, un poco más robusto, pero, de resto, es exactamente igual. Me lo hubieras advertido y así no hubiera perdido uno de mis deseos. Te pido que esta vez no me vayas a defraudar, porque esta es mi última oportunidad. Mi último deseo es convertirme en el rey de la selva, en un león, poderoso, majestuoso, con una melena que cubra todo mi cuerpo, con un tamaño que jamás otro león haya visto en la tierra, para ahora sí demostrarles a todos quién soy.

El genio se tomó su tiempo para responder, fijó su mirada en el arrogante rostro del tigre, que para él no era suficiente y por eso ahora quería ser un león. Entonces, le dijo:

—¿Sabes qué? Sé que te queda un último deseo, pero no te lo voy a cumplir, porque la verdad es que no importa en qué te convierta, tú por dentro siempre seguirás siendo un ratón.

La pasión
del panda

"¿Cuál es tu *dumpling*?". Esa pregunta inunda la mente durante una escena inolvidable de la magistral película *Kung Fu Panda*. En una batalla a muerte, el panda se gana el respeto del maestro Shifu al arrebatarle el último *dumpling* (una especie de empanada china), por el cual se enfrentaron aguerridamente. Grandes lecciones de liderazgo he aprendido de este panda bonachón.

Quienes hayan tenido la oportunidad de ver una película animada una y otra vez, solos o con alguno de sus seres queridos, estarán de acuerdo conmigo en que nunca dejas de aprender lecciones de vida y de liderazgo de este tipo de filmes, pero yo encuentro este clásico de DreamWorks Studios en especial relevante.

Po, el protagonista, era un oso panda afable, simpático, querido y *gocetas*, pero, sobre todo, amante del kung-fu. Admiraba profundamente a los cuatro guerreros mayores de este arte marcial: Tigresa, Mantis, Mono y Víbora. Cuando quiso conocerlos y verlos en acción el día la coronación del Guerrero Dragón, las circunstancias y su insistencia en querer estar prácticamente de primero en semejante acto lo llevaron a ser elegido por el gran maestro como el sucesor del Guerrero Dragón. Pero Shifu, el maestro encargado de entrenarlo, quedó totalmente frustrado al ver que el gran maestro no había seleccionado a ninguno de sus cuatro discípulos, que llevaba años preparando para que lo pudieran suceder.

El maestro Shifu entonces trató insistentemente de desanimar al panda para que desistiera de tal propósito, pero el Gran Maestro Oogway, una tortuga, insistió en que el panda Po sería el próximo Guerrero Dragón, y que Shifu debía asumir su responsabilidad de prepararlo. Sin embargo, Shifu no encontraba la forma de animar al panda para que entrenara el arte marcial y lograra la maestría y el dominio de ese arte, así que su frustración era doble.

Un día, Shifu encontró al panda en la cocina, comiéndose desaforadamente unas galletas. Las últimas reservas de esas galletas se habían terminado, entonces, al ver semejante pasión del panda por la comida, Shifu le reveló que en el último anaquel de la cocina, tan alto que era prácticamente imposible de alcanzar, estaba el último paquete de galletas. Shifu se retiró por unos segundos y cuando regresó, encontró al panda escalando muy hábilmente los anaqueles. Luego, hizo un *split* perfecto de 180°, símbolo de la maestría en el kungfu, gracias al cual pudo sostenerse liberando sus manos y devorarse las galletas. Esa posición a semejante altura era un reto inimaginable para un guerrero poco entrenado y torpe como Po. Pero lo logró, y con esto Shifu pudo comprobar que el panda haría lo que fuera por tener comida y saciar la tremenda pasión y deseo que esta despertaba en su aprendiz.

Habiendo observado el potencial del panda, Shifu lo invita a una jornada de entrenamiento en el monte sagrado. Después de una larga caminata, llegan a un lugar místico, acogedor e inspirador, un ambiente perfecto para entrenar a quien se suponía que estaba destinado a ser el Guerrero Dragón.

Inician entonces una dura jornada de entrenamiento, durante la cual Shifu iba antojando permanentemente a Po con delicias del mundo culinario, pero en todas las ocasiones, cuando daba todo de sí mismo para poder obtener los deliciosos platos, el maestro le quitaba la comida, evitando que probara siquiera un bocado, para crear cada vez más ansiedad y antojo por las delicias que obtendría si cumplía con los estándares y la disciplina que el entrenamiento de un maestro en kung-fu exigían. De esta manera, Shifu mantuvo a Po durante varios días entrenando arduamente, con la ilusión de que en algún momento podría comer como se lo merecía.

En un ejercicio final, el maestro Shifu lo enfrenta a seis platos en cada uno de los cuales había deliciosos *dumplings*. Lo mira a los ojos con agradecimiento, e insinuando que el martirio había terminado, extiende su mano hacia los generosos platos:

—Puedes comer, ¡puedes comer con libertad! —exclama.

Aunque parecía que en esta ocasión Shifu no le iba a quitar la comida, como lo había venido haciendo durante entrenamiento, el panda, aún con desconfianza, le preguntó:

—¿De verdad puedo comer con libertad?

—Hazlo, puedes comer con libertad —respondió el maestro con gesto complaciente.

Pero cuando el panda levantó los palillos para ensartar uno de sus deliciosos *dumplings*, Shifu, demostrando el completo dominio del arte marcial, lanzó con sus palillos todos los *dumplings* al aire, y pronto los devoró, dejando tan solo uno en uno de los platos.

En ese momento se inició una batalla magistral entre Po y Shifu por ese último *dumpling*. Patadas, puños, lanzamientos al aire y saltos triples mortales se sucedían rápidamente, mientras el pequeño *dumpling* flotaba entre los dos guerreros. Finalmente, en una demostración de que el panda estaba listo para ser un guerrero ejemplar del kung-fu, le dio un golpe con su panza al *dumpling*, arrebatándoselo de las manos a su contrincante, quien ya estaba a punto de adueñarse del trofeo. Tras volar por los aires con algunos saltos mortales, Po cae al piso, y con el reflejo del sol a sus espaldas, levanta sus manos y atrapa el *dumpling* entre los palillos, mostrándoselo con orgullo a su maestro. En ese momento, se gana el respeto de Shifu, quien reconoce que, con ese acto, el panda ha demostrado que está listo para ocupar el lugar del Guerrero Dragón en el arte del kung-fu.

¿Cómo este panda torpe, con tan solo unos días de entrenamiento, pudo ganarle una batalla a su maestro, que llevaba toda una vida dominando el arte del kung-fu, y de paso demostrarle que estaba listo para ser el Guerrero Dragón? La razón, en apariencia simple, es muy poderosa: se moría de ganas de comerse ese *dumpling*. Daría todo lo que fuera por alcanzarlo, no solo porque llevaba varios días sin probar bocado, sino porque su pasión por la comida era tan grande que movilizó todo su potencial para alcanzarlo. Su maestro descubrió que esa pasión despertaría en él habilidades y talentos desconocidos, incluso por el propio Po, y se centró en esa pasión para llevarlo a su máximo desempeño: simple pero poderosa receta para la vida.

No hay nada que te impulse más a dar todo de ti mismo que amar y tener pasión honesta por lo que haces, porque es un sentimiento que moviliza toda tu energía interior y destapa y aflora habilidades que incluso tú mismo desconocías, tal y como le sucedió al panda Po.

Cualquiera que sea su dedicación, la diferencia entre una persona apasionada y enamorada de su oficio, y una que lo hace solo porque la vida la llevó hasta ahí lo es todo. Uno de los impulsores que yo propongo en mi modelo de supracompetencias VUCAA para enfrentar un entorno complejo como el que vivimos hoy en día, es el compromiso; es imposible pretender que alguien se comprometa con la organización donde trabaja si no ama lo que hace.

Durante los largos dieciocho años que trabajé en Microsoft, yo experimenté ambos estados. Podría decir que los primeros quince años estuve totalmente enganchado, enamorado de la marca, de la tecnología, y sin vacilar puedo decir que todos los días me desperté con una pasión sin igual por realizar mi trabajo. Lo di todo de mí: mi tiempo, mi mente, mi talento, e incluso puse el espacio profesional por encima del personal en muchas ocasiones, aunque con mi esposa entendíamos que el costo que pagábamos por construir un futuro es el que todos asumimos en cualquier trabajo, negocio o dedicación para poder sobrevivir y hacernos seleccionables en la manada y la jungla de la vida.

Pero en los últimos tres años comenzó un proceso lento de desenamoramiento profundo por mi trabajo, por la industria e incluso por la marca. Mi compromiso ya no era incondicional, la alineación con los valores y las prácticas de negocio ya no era ilimitada. Cada día comencé a ser más crítico y condicional en mi trabajo. Esto no es malo mientras uno permanezca conectado con el propósito de la organización y la crítica contribuya de manera constructiva a su crecimiento.

Hubo un acontecimiento en particular que me demostró de manera drástica y alarmante la pérdida de conexión, amor y pasión por mi trabajo.

Todos los años, por los meses de abril y mayo, durante los cuales teníamos la responsabilidad de presentar la declaración de impuestos ante el Estado, el Departamento de Recursos Humanos emitía unos certificados de ingresos, en los cuales constaba todo lo que habías recibido durante el año fiscal anterior, incluyendo salario, bonificaciones y otros beneficios que hacían parte del paquete de compensación laboral. Yo recibía mi respectivo certificado vía correo, de carácter confidencial, como era la norma. En Microsoft se prohibía conocer, divulgar o tratar de indagar sobre el salario de las otras personas, política que, considero yo, es supremamente sana. Hacerlo era motivo de despido, pues está comprobado que el clima organizacional se afecta dramáticamente cuando la gente conoce los salarios de los otros, y comienza a sentirse injustamente remunerada cuando se compara con ellos, sin conocer enteramente el contexto de la estrategia salarial de la organización.

Así que este certificado era supremamente confidencial, pues ahí reposaba información muy crítica, de acuerdo con esta política de la organización. Recuerdo con angustia que en una ocasión, cuando vi la cifra de mis ingresos, entré en pánico, pues a mi modo de ver estaba muy por encima de lo que yo estimaba, y eso repercutiría de forma negativa en los impuestos que debía pagar. Así que de inmediato me fui para la oficina de la directora de Recursos Humanos, que además era mi amiga, para alertar del error.

—Lali, me llegó el certificado de ingresos equivocado —le dije angustiado, pero pretendiendo mostrar mi empatía ante el grave error que se había cometido.

—¿Cómo así, Nico, qué pasó? —me preguntó preocupada.

Tomé el certificado y lo levanté asegurándome de que la información quedara a la altura de sus ojos.

—Mira esta cifra tan absurda —le dije. Y agregué con cierta ironía—:¡Ya hubiera yo querido ganarme todo ese dinero el año pasado!

Mi angustia provenía principalmente de que el error podría implicar que todos los certificados estuvieran mal, lo que no solo tendría repercusiones tributarias para la gente, sino que cabía la posibilidad de que los certificados en el sistema se hubieran traslapado, así que se estaría violando la estricta política de confidencialidad. Recuerdo cómo ella, de forma profesional y ecuánime, pero dándole a la situación la importancia que se merecía, se agarró la cabeza con las manos y me dijo:

—No puede ser, Nico, esto es gravísimo. Gracias por alertarnos. Debemos entender este error de inmediato y corregirlo.

Entonces llamó a todo su equipo, explicó la situación y los puso a todos a indagar dónde estaría el error. Ellos empezaron a revisar los sistemas en los computadores e hicimos un par de llamadas al *outsourcing* contable para poder reunir la información necesaria. Tras diez minutos infernales durante los cuales no logramos dar con la respuesta, uno de los miembros del equipo propuso algo muy simple y práctico:

—Traigamos el archivo físico y buscamos uno a uno los desprendibles de nómina firmados por Nicolás, así podremos sumar los ingresos y contrastarlos con los datos que aparecen en el sistema y con el certificado que le entregamos a él.

Así lo hicimos, y cuando terminamos, una mujer joven del área de Recursos Humanos, avergonzada y con las mejillas ligeramente enrojecidas, se llenó de valor para hablar, y levantando la calculadora con una mano y el certificado de pago con la otra, dijo:

—¡Esto es lo que Nicolás recibió el año pasado!

Ambas cifras coincidían por completo; en efecto, ese era el dinero que había ganado el año anterior.

No recuerdo un instante más vergonzoso que ese en mi vida. Unos minutos antes le había dicho con ironía a mi amiga y directora de Recursos Humanos que ya hubiera querido yo ganarme una cifra de ese tamaño. La gente que había entrado a la sala a ayudarme a encontrar el error quizá se ganaba cinco veces menos, y yo me encontraba ahí demostrando mi inconciencia y falta de aprecio por el dinero que me ganaba. ¿Se pueden imaginar lo que sentían y pensaban todas esas personas que se encontraban en esa sala? Con una disculpa absolutamente inocua e irrelevante, me levanté de la silla y me retiré de la sala con la mirada baja, el alma arrugada y la conciencia destrozada.

Ya ni siquiera valoraba ni apreciaba el dinero que me ganaba. Era un empleado sin pasión, que había perdido la perspectiva y la conciencia. Otro llamado de atención sobre la urgencia de salir de la crisis, de la oscura piscina en la que me encontraba. Era tiempo de aceptar con humildad que había perdido mi *dumpling*, y ya no luchaba ni valoraba nada.

Cuando pierdes la pasión, cuando dejas de amar lo que haces y lo que tienes, pasan frente a tus ojos cientos de cosas buenas, pero la ceguera del inconformismo no te deja verlas. Cuando amas tu trabajo, todo reto que se te presenta es como ese *dumpling* para el panda Po, entonces aprecias cada instante, cada centavo, cada persona que te rodea, incluso en la más grande de las dificultades. Porque la pasión es esa gasolina que te impulsa a alcanzar aquello que tanto deseas, no importa qué tan lejos esté o qué tan difícil sea. La pasión alimenta la energía, la resiliencia, la constancia y la autoestima que necesitas para atrapar entre los palillos de tu vida ese *dumpling* que tanto deseas.

El balance entre la vida y el trabajo: la historia del niño y su cerdito de barro

Conciliar el propósito personal con el profesional es uno de los retos más grandes que tiene el ser humano moderno. Pasamos el 80 % de nuestro tiempo en el trabajo, o por lo menos con nuestra mente enfocada en él, pero pretendemos ser en esencia lo que somos en ese 20 % restante, que es el tiempo que dedicamos a nuestros temas personales. Para muchos parecen ser dos mundos diferentes que se funden en muy pocos momentos.

He sido testigo de que muchos líderes organizacionales de hecho tienen como norma de vida no mezclar esos dos mundos en ningún caso. Su argumento es que los compañeros de trabajo nunca van a entender sus costumbres, valores y estilo de vida, y, por el contrario, van a tender a juzgarlos por eso.

Después de veinticinco años en el mundo corporativo, y siete como consultor de organizaciones, mi conclusión es que por lo general los seres humanos tendemos a mostrarnos como si fuéramos dos personas distintas: una que vive en el trabajo y otra que vive en el hogar. En el trabajo tomamos una postura y un comportamiento que nos permitan sobrevivir en la jungla laboral y corporativa, pero el hogar es ese espacio donde uno deja fluir libremente su ser, el refugio para celebrar las cosas buenas y consolar las dificultades.

Así que, ante la gran pregunta sobre cuál es el propósito que dirige nuestras vidas, hay que agregarle: ¿el personal o el profesional? Pero resulta que no se trata de dos propósitos distintos, sino de uno solo. La siguiente fábula nos ayudará a entender mejor cómo es esto posible.

Cuenta la historia que un ejecutivo exitoso, con bastantes desafíos y consumido por la vida laboral, llegó una tarde a su casa, cargado de retos y dificultades de su trabajo, pero, sobre todo, exhausto físicamente. En la puerta lo estaba esperando su hijo, quien sin prácticamente saludarlo le preguntó:

—Papá, ¿tú cuánto ganas por hora en tu trabajo?

—No lo sé, hijo mío, nunca he hecho las cuentas —respondió sorprendido.

—Pero trata de encontrar un número aproximado —insistió el niño.

Vacilante, lanzó el primer número que le vino a la mente:

—No sé, hijo mío, tal vez unos 200 pesos por hora.

—Si es así, papá, tú me podrías prestar 10 000 pesos, ¿cierto? —contestó el niño, con un gesto desafiante pero respetuoso.

—Claro, hijo —le respondió desconcertado, con la sensación de que no podía responder de otra forma.

Apenas le entregó el billete, que el niño hábilmente había logrado obtener, este salió corriendo hacia su cuarto, mientras susurraba palabras incomprensibles, que su padre asumió como de agradecimiento. Él, por su parte, se dirigió a la cocina, donde se encontraba su esposa. Tras un saludo cotidiano, rutinario y poco afectuoso, aún desconcertado por el recibimiento de su hijo, le relató la situación.

—Dime cómo le decía que no. ¡Brillante estrategia! —concluyó, como evocando situaciones laborales similares—. Realmente es muy brillante. Creo que él salió a mí, va a ser un ejecutivo muy exitoso, va liderar grandes organizaciones en un futuro. Porque tiene pensamiento matemático, que es una de las cosas que más buscan hoy en día en las organizaciones. Estoy seguro de que va a llegar muy lejos —dijo con entusiasmo, pero sin darse cuenta de que había caído en ese monólogo en el que se transforman las conversaciones cuando estamos tan centrados en nosotros mismos que no somos capaces de conectar con quienes nos rodean.

Por su parte, el niño, mientras su padre andaba soñando con su éxito profesional, había roto a martillazos el cerdito de barro donde había ido depositando cada moneda que encontraba abandonada en la casa. Contó 10 000 pesos en monedas y las juntó satisfecho con el billete que su papá le había dado. Puso todo en una bolsa, insignificante para un adulto, pero gigante para la mente de un niño, y con ella en la mano se dirigió con un paso lento, con cierta timidez y ansiedad, hacia la sala donde se encontraban sus padres. Entonces, se acercó a su padre y le dijo:

—Papá, ¿me vendes una hora de tu tiempo?

Esta es la historia de cientos de ejecutivos y trabajadores, que perdemos ese balance entre el tiempo que dedicamos a nuestro trabajo y el que dedicamos a nuestros seres queridos. Aquí es donde más sentido cobra la pregunta por el propósito. El día en que tus seres queridos tengan que intentar comprar tu tiempo, la vida te estará haciendo un llamado de atención profundo, para que te replantees la manera en que estás manejando el equilibrio entre tu vida personal y tus objetivos profesionales.

Existen varios ejemplos de personajes de talla mundial que ilustran ese desequilibrio en el que caemos los seres humanos, muchas veces sin intención, pero afectando de manera significativa a quienes nos rodean, y de igual manera, nuestro propósito personal.

Tal vez uno de los que más me ha inspirado esta profunda reflexión es la famosa frase de uno de los hijos de Albert Einstein, Hans Albert, que leí en una exposición sobre el genio en Bogotá: "Quizá el único proyecto que mi papá abandonó en su vida fui yo". Es sabido que el genio no fue precisamente un padre ejemplar, y esta frase lo resume.

La primera vez que me encontré con ella fue en una de esas exposiciones itinerantes dedicadas a compartir las enseñanzas y todo el legado que dejó Albert Einstein. Estaba en un rincón escondido, impresa sobre un gran panel. Se veía fría, escuálida y aterradora en ese contexto mismo. Después de ver y aprender tantas maravillas, uno llegaba a ese punto, la leía y el impacto era tan grande que había un pequeño banco dispuesto enfrente, presumiblemente para que uno se sentara a procesar la desgarradora conclusión de uno de los hijos de ese gran genio. Es una de esas frases que tocan las fibras más profundas del alma y te invitan a reflexionar acerca del complejo equilibrio entre la vida personal y la profesional.

Hay otro ejemplo al respecto, y es la historia de Bryan Dyson, el ejecutivo que lideró durante muchos años a Coca-Cola. Cuando tomó la decisión de retirarse de esa organización, Dyson compartió con su equipo unas pequeñas palabras de despedida, en las cuales quiso resumir los aprendizajes y lecciones más grandes que le había dejado su paso por la vida corporativa. Cito un fragmento a continuación:

Imagina la vida como un juego en el que estás malabareando con cinco pelotas en el aire. Estas son: tu trabajo, tu familia, tu salud, tus amigos y tu vida espiritual; y tú las mantienes todas en el aire.

Pronto te darás cuenta de que el trabajo es como una pelota de goma. Si la dejas caer, rebotará y regresará. Pero las otras cuatro pelotas, familia, salud, amigos y espíritu, son frágiles, como de cristal. Si dejas caer una de estas, irrevocablemente saldrá astillada, marcada, mellada, dañada e incluso rota. Nunca volverá a ser lo mismo.

Debes entender esto: apreciar y esforzarte por conseguir y cuidar lo más valioso. Trabaja eficientemente en el horario regular de oficina y deja el trabajo a tiempo. Dale el tiempo requerido a tu familia y a tus amigos. Haz ejercicio, come y descansa adecuadamente. Y sobre todo… crece en vida interior, en lo espiritual, que es lo más trascendental, porque es eterno. Shakespeare decía: "Siempre me siento feliz, ¿sabes por qué? Porque no espero nada de nadie, esperar siempre duele. Los problemas no son eternos, siempre tienen solución. Lo único que no se resuelve es la muerte. La vida es corta, ¡por eso ámala! Vive intensamente y recuerda: Antes de hablar... ¡Escucha! Antes de escribir... ¡Piensa! Antes de criticar... ¡Examina! Antes de herir... ¡Siente! Antes de orar ¡Perdona! Antes de gastar... ¡Gana! Antes de rendirte ¡Intenta![2]

Estas dos historias de la vida cotidiana de personajes exitosos, como lo son Albert Einstein y Bryan Dyson, nos inspiran en esa reflexión profunda acerca del propósito que realmente importa: ¿el profesional o el personal? Mi conclusión preliminar es que no hay dos propósitos, sino uno solo, porque somos un solo ser humano indivisible. La pregunta más oportuna para sustentar esta teoría es: ¿Es posible que alguien sea exitoso en lo profesional si es un desastre en su vida personal? Firmemente creo que no. Aunque hay gente que triunfa en lo profesional teniendo vidas personales desbalanceadas, en últimas esta termina afectando sus otras esferas de la vida, incluida la profesional.

El ser humano que eres en tu hogar termina siendo el mismo que eres en tu trabajo. Si vives un infierno en tu vida personal, quieras o no, ese infierno termina contaminando tu vida profesional. Es difícil trazar una línea y tener dos mundos con dos propósitos distintos. En teorías de eficacia, es mucho más impactante tener un solo propósito superior y concentrar toda tu energía y tu pasión en realizarlo.

---

2 ¡Ceriomarketing. "Discurso de despedida de Bryan Dyson, presidente de Coca-Cola". Disponible en http://ceriomarketing.com/2016/02/08/discurso-de-despedida-del-presidente-de-coca-cola-bryan-dyson/

Así que puedes tener una visión memorable extraordinaria, robusta, movilizadora. Puedes haberla logrado, transformándote y reinventándote constantemente. Pero si el costo de esto es haberte alejado de tus seres queridos o de ti mismo, si dejaste caer esa bola de cristal al piso y hasta tu tiempo en familia tiene precio, o permitiste que tu éxito profesional se viera empañado por una frase tan desgarradora como la de Hans Albert Einstein, entonces la pregunta que tendrás que hacerte y retumbará en tu cabeza por siempre será: ¿Valió realmente la pena?

Asegúrate de que cuando al final del camino rompas el cerdo de barro donde te la has pasado ahorrando toda tu vida, no te encuentres con el sentimiento desolador de solo haber acumulado poder y dinero. Ojalá que en él se encuentren todas las cosas y personas que te permitirán concluir que tuviste una vida profundamente equilibrada.

La jaula de oro
del pájaro

Cuando nos planteamos cuál es nuestro propósito y qué es lo que venimos a hacer, es decir, el para qué estamos acá, nos enfrentamos al dilema entre la realización profesional y personal versus la capacidad para producir el dinero necesario para vivir según los ideales que uno se ha fijado.

Como lo he contado ya en varias oportunidades, la decisión de retirarme de Microsoft fue el resultado de múltiples acontecimientos que se fueron acumulando en mi mente. A continuación, describo otro de ellos.

Me encontraba un día sentado en la terraza de un café Juan Valdez, en uno de esos momentos de meditación no planeados que tenemos todos los seres humanos. Precisamente estaba cuestionándome qué tan feliz era en mi trabajo y planteándome la posibilidad de explorar más opciones. Nada nuevo, es lo que hacemos los seres humanos regularmente y, por lo demás, creo que es una práctica sana. Lo que sí es claro es que meditamos mucho, pero pocas veces actuamos.

Estaba en esas, cuando pasó frente a mí un viejo compañero del colegio, a quien había admirado toda la vida por ser una persona amable, querida y, de acuerdo con las últimas noticias que había tenido de él, para ese entonces era alguien muy exitoso en el ámbito profesional. Lo curioso fue que iba vestido con uno de esos trajes típicos hindús, que se utilizan para meditar y hacer yoga en los famosos *áshram* de la India. Las últimas veces que lo había visto iba vestido con el traje cotidiano y además típico de un ejecutivo de multinacional, que transpiran elegancia, porte e incluso cierta aura de arrogancia. Así que el contraste entre el ejecutivo de traje y el maestro con atuendo hindú fue absolutamente disruptivo para mí.

—¡Kike! —grité, para asegurarme de que me oyera.

Giró la cabeza y al ver mi mano invitándolo a sentarse conmigo, sin dudarlo un segundo, incluso con cierto agradecimiento, vino a mi mesa. Así empezó otra de las conversaciones claves que movieron el frágil piso que me soportaba en plena crisis de la mitad de la vida.

—¿Qué le pasó? —empecé preguntándole sorprendido ante la transformación de aquel querido compañero del colegio—. ¿Dónde está Kike el ejecutivo? ¿Qué se hizo? ¿Qué le pasó?

Con una paz contagiosa, tomándose su tiempo y lanzándome una mirada penetrante, contestó:

—Se fue, hace rato que se fue.

Hacía unos meses, su vida había cambiado de forma dramática el día en que perdió su trabajo después de muchos años, y prácticamente por la misma época se terminó su matrimonio. Kike era la imagen de ese profesional exitoso que vivía con comodidad económica, en un hogar lindo, con una esposa y unos hijos que de seguro para muchos eran motivo de envidia. Pero en sus pausadas y nostálgicas palabras fui comprendiendo que ese castillo de naipes que llamamos "felicidad" se había derrumbado.

—Sin darme cuenta, me encontré parado en una ye —continuó—. Una ye en la cual por primera vez en mi vida tuve que pensar a profundidad sobre mi futuro. Tenía la opción de empezar otra vez a golpear puertas en algunas de esas tantas organizaciones en donde un perfil como el mío —una persona con experiencia, conocimiento y conexiones— probablemente era valioso. La otra opción era rehacer y reinventar mi vida por completo, replantearme todo lo que había hecho y construido, y desafiar el ideal que me había fijado tanto en lo profesional como en lo familiar y lo personal a lo largo de mi vida. Lo más seguro era volver al mundo corporativo. Tal vez esa era la mejor opción, pues me permitiría mantener los dos hogares, que fue el destino inevitable al cual me llevó el divorcio —concluyó.

Pero aun siendo esta la decisión más obvia y sana, la que él tomó fue irse durante seis meses a un *áshram* en la India a iniciar ese proceso de desintoxicación y reflexión con el cual todos nos topamos en algún momento de nuestra de vida.

—Esta experiencia me permitió replantear desde mi esencia todo lo que había sido mi vida hasta el momento —continuó, esta vez con un semblante distinto, reflejando esa paz interior que transpiraban desde su traje hasta sus sabias palabras.

—¡Yo quiero que me pase lo mismo! —lo interrumpí con entusiasmo, pero también con un inevitable sentimiento de impotencia y una voz que desde el fondo de mi alma expresaba la angustia, la ansiedad y el deseo de encontrar esa misma libertad que él había hallado.

Me refería a que quería que me despidieran del trabajo para pararme en esa misma ye y poder así replantearme toda mi vida desde el punto de vista profesional. Por supuesto, jamás lo desearé ni le deseo a nadie lo que sucedió en su vida familiar, porque he conocido pocas historias de hogares que se desmoronan y terminan con un final feliz.

—Lamento profundamente lo que pasó con su matrimonio —rectifiqué—, pero a mí sí me gustaría pararme en la misma ye en el mundo laboral —concluí con egoísmo y poca empatía frente a su compleja historia.

Con sabiduría, entendiendo a qué me refería, y con la calma que había ganado y aprendido en ese viaje de reflexión y transformación, me contestó:

—Nico, yo sé lo que estás sintiendo en ese momento. Yo estuve exactamente frente a las mismas angustias y preguntas. Te sientes como un pájaro en una jaula, pero estás atrapado en el trabajo, en el mundo corporativo y en tu rol, ¿cierto?

Asentí. Había hecho una descripción perfecta de lo que sentía frente a mi vida profesional.

—En el fondo de su alma —continuó—, usted quisiera ser como un pájaro de esos que puede volar libremente y buscar el destino que quiere.

—Sí, sí, exacto, eso es lo que quiero, yo quiero volar, quiero tener libertad —respondí con entusiasmo, reconociendo humildemente lo asertivas que eran sus palabras—. Quiero poder hacer lo que quiera y no lo que me toca.

Después entendería que ese es exactamente el sentimiento de la mayoría de las personas cuando pierden el propósito en su trabajo y dejan de disfrutarlo: se sienten atrapadas, encarceladas en su vida profesional, como un pájaro en una jaula.

—Lo triste —me dijo— es que usted ya es ese pájaro y tiene la libertad de salir volando, pero por alguna razón no es capaz de emprender ese vuelo hacia su supuesta libertad. Mire, Nico, la puerta de la jaula en donde usted se siente encerrado está abierta ¿o no?

—Pues no sé, supongo que sí, que está abierta.

—Sí, está abierta —afirmó con seguridad—. A usted nada le impide salir de la posición en la que está hoy. Cuando quiera usted puede emprender el vuelo y comenzar a hacer lo que sueña. Pero le voy a decir por qué no lo hace.

Hizo una pausa y centré en él toda mi atención, con la esperanza de que la fórmula y el secreto que durante muchos años había buscado día por fin me serían revelados.

—Es que, aunque usted tiene la puerta abierta, esa jaula es de oro.

Para quienes están atrapados en esa jaula de oro, estas simples palabras explican y revelan la sensación que tiene uno en su vida cuando está en el trabajo, atrapado entre la comodidad económica de un sueldo y la tristeza que produce perder el propósito y la pasión.

Nada describía mejor mi situación laboral y emocional en ese momento. Como he explicado, tenía una enorme tranquilidad económica, fruto de los generosos y abundantes paquetes de compensación que existían en ese momento en

Microsoft, una compañía joven con un crecimiento vertigi-
noso, y que requería con urgencia retener a su gente.

Me llevaría unos meses tomar la decisión de dejar la
jaula de oro para iniciar un nuevo vuelo hacia otro destino,
que al precio que fuera me liberaría de esa sensación de en-
cierro que sentía. Tras varios años de haberme retirado del
mundo corporativo, de pasar por otras jaulas, unas de oro,
otras rústicas, mi conclusión es que esas jaulas te atrapan
cuando pierdes la conexión con tu vida profesional, cuando
dejas de amar lo que haces y tu trabajo pierde sentido. En el
caso contrario, cuando el para qué es claro, profundo y está
alineado con tus intereses personales, no importa en dónde
estés ni cuánta comodidad tengas, esa jaula desaparece y
con ella esa terrible sensación de estar atrapado, que será
eclipsada por el poder que tienen el propósito superior y el
sentido que le das a tu vida.

Y tú ¿estás atrapado en la jaula de oro o vuelas libremente en el placer de amar y tener un propósito en tu vida
y en tu trabajo?

La esencia
del conejo

Si algún día le entregaras a alguien una matrioska —una de esas muñequitas rusas que contiene otra dentro de sí misma y así sucesivamente hasta llegar a una muy pequeña que está en el centro—, y le dijeras: "Intenta describirme haciendo una analogía con lo que ves en esta matrioska", ¿qué crees que esa persona diría de ti? Es decir, si fuera capa por capa, hablando de cada una de tus cualidades, hasta llegar a la muñeca más pequeña, esa que está en el centro, que representa tu esencia, ¿cuál crees que sería esa palabra para describir lo más profundo que hay dentro de ti? Esa es la gran reflexión que surge de una escena inolvidable de otra impactante película animada, *El origen de los guardianes*; aquella en la que Papá Noel habla con Jack Frost.

Pasamos la vida en busca nuestra esencia, eso que yace profundo dentro de nosotros mismos, que nos hace únicos y especiales, que nos vuelve seleccionables dentro de la manada. Supongo que es un instinto de supervivencia, porque cuando nos sentimos únicos y especiales, sabemos que se van a fijar en nosotros, y de ser así, en cualquiera que sea el escenario o la oportunidad nos van a escoger.

En esa película, el guionista David Lindsay, basándose en la obra original del William Joyce, *The Guardians of a*

Childhood, describe de manera extraordinaria la importancia de tener un centro, pues eso es lo que asegura que los demás te verán y no pasarás desapercibido.

Plantea Joyce que los guardianes vienen a cuidar en los niños las virtudes y los valores, que son el más preciado tesoro de los seres humanos, porque son estos los que nos han permitido construir nuestra sociedad.

Los adultos hemos creado una serie de personajes e historias, que son los guardianes de esos valores y virtudes desde los albores de la humanidad. Una de estas es la curiosa leyenda del conejo de Pascua, que cuenta que, cuando metieron a Jesús en el sepulcro que les había dado José de Arimatea, dentro de la cueva había un conejo escondido, que muy asustado veía cómo toda la gente entraba, lloraba y estaba triste porque Jesús había muerto. El conejo se quedó ahí viendo el cuerpo de Jesús cuando pusieron la piedra que cerraba la entrada; lo veía y se preguntaba quién sería ese señor a quien querían tanto todas las personas. Así pasó mucho rato, hasta que de repente el conejito vio algo sorprendente: Jesús se levantó y dobló las sábanas con las que lo habían envuelto. Un ángel quitó la piedra que tapaba la entrada ¡y Jesús salió de la cueva más vivo que nunca! El conejo comprendió que Jesús era el hijo de Dios y decidió que tenía que avisarle a todo el mundo que ya no tenían que estar tristes, porque Jesús había resucitado. Como los conejos no pueden hablar, se le ocurrió que si dejaba huevos pintados por el camino, entenderían el mensaje de vida y alegría, y así lo hizo.

Cuenta la leyenda que el conejo sale cada Domingo de Pascua a dejar huevos de colores en todas las casas para recordarle al mundo que Jesús resucitó, y hay que vivir alegres. El juego de esconder los huevos de Pascua que ha ido dejando el conejo es la diversión de los niños en esa fecha. Toda una tradición que en muchos lugares se celebra cada año. El conejo de Pascua es el guardián de la fe y la esperanza de los niños, y ese es su centro, lo que lo hace único y especial; es lo que vino a poner en el mundo.

Otro de los guardianes, tal vez menos conocido, pero necesitado por la humanidad, es Jack Frost. Cuenta la leyenda que Jack Frost murió de niño congelado en un lago. Entonces se quedó estancado en el tiempo como un niño. Jack Frost es uno de los personajes más populares durante la época de invierno, y, según dice la tradición, porta un sombrero mágico que les permite a los niños ponérselo, para jugar con ellos y entretenerlos por mucho tiempo. Jack Frost se retira después del invierno, y aunque los niños se entristecen, les promete regresar la próxima Navidad. El centro de Jack Frost, lo que vino a proteger en los niños, es su alegría, gracias a su capacidad para divertirlos con las cosas más simples pero asombrosas de la vida, como puede ser un copo de nieve. Además, Frost siembra en cada uno de nosotros esa capacidad de recordar que siempre hay un niño en nuestro interior, y la importancia de nunca dejar de serlo para poder disfrutar de la vida, a pesar de sus dificultades.

En la película, los niños dejan de creer en Jack Frost, ya no confían en su regreso, y por lo tanto dejan de verlo, pasa desapercibido frente a todos los demás guardianes, como el conejo de Pascua, Sandman, Papá Noel o el Hada de los Dientes. Preocupado, Frost busca a Papá Noel, que en la película se llama Norte, para entender por qué estaba desapareciendo ante los niños. Norte utiliza entonces una analogía magnífica para explicarle su teoría. Este toma una matrioska en sus manos, que estaba finamente pintada con su propia imagen —esa que todos conocemos y nos emociona: gordo, grande, con una poblada barba blanca que apenas deja ver sus ojos, y el traje rojo con blanco, símbolo de la Navidad—. Se la entrega con cuidado al niño congelado en el tiempo, le pide que la mire con detenimiento y le pregunta:

—¿Qué ves ahí?

—Veo un gordito, un gordito alegre —responde Jack, dubitativo, refiriéndose a la figura que bellamente estaba estampada sobre la primera capa de esa matrioska.

Norte destapa la muñeca por la mitad, descubriendo una nueva figura de él, esta vez con una expresión diferente en la cara, y le vuelve a preguntar:

—¿Y ahora qué ves?

—Veo un gordito valiente.

Y así sucesivamente fue destapando una a una las capas de la figura de madera, descubriendo cada vez otra imagen de Norte con una expresión diferente en la cara. A cada una, Frost le asignaba una característica: gordito, valiente, misterioso… Cuando finalmente llegaron a la última capa, una figura muy pequeña de Norte en la que se destacaba particularmente el tamaño de sus ojos, le volvió a preguntar

—¿Y acá qué ves?

—Veo unos ojos muy grandes —contestó Jack.

—Sí, son grandes. ¿Pero qué ves detrás de esos ojos grandes?

—Veo una cara de asombro —dijo Jack.

—¡Exacto! —exclamó Norte, emocionado—. Así es, es una cara con unos ojos llenos de asombro, porque eso es para lo que nací, eso fue lo que vine a traer al mundo: el asombro; vine a sembrar en los niños la capacidad de sorprenderse con las maravillas que suceden. Ese es mi centro, esa es mi esencia y es lo que vengo a cuidar en los niños. Y tú ¿qué viniste a poner en los demás? ¿Cuál es tu centro, Jack?

—No lo sé —respondió Jack con angustia y desconcierto—. No sé cuál es mi centro, no sé cuál es mi esencia, no sé qué vine a poner en el mundo.

En ese mismo instante él inicia la búsqueda de su esencia, porque sabe que si no la encuentra, los niños no lo volverán a ver, y esa virtud que vino a cuidar desaparecerá. Jack Frost termina reencontrándose consigo mismo, y entiende que vino al mundo a cuidar esa virtud de seguir siendo niños; esa inocencia y capacidad de goce que nos permiten disfrutar intensamente la vida, incluso hasta de las cosas más pequeñas.

La esencia es eso que te hace único, por eso la gente cree en ti y te diferencias del resto de la manada; es la razón por la cual te van a elegir y te harás seleccionable frente a todos los demás.

Cuando cumplí cuarenta años e iniciaba la reflexión acerca de mi vida y de mi futuro, y a recapitular lo que había forjado hasta ese momento, no tenía una idea clara sobre lo que era mi esencia. Pero fue un día de esos inesperados e impredecibles cuando una serie de sucesos estrambóticos me llevó a comprender y acercarme un poco más a lo que creo que puede ser mi centro.

Para esa época, el director de la región a la cual yo reportaba era mexicano. Un líder carismático y cercano, como ya lo he descrito. A principios de enero, Cris y yo tuvimos la suerte de ser invitados a la rosca de Reyes de la casa de nuestro líder mexicano. Y yo, aún más suertudo, encontré el muñeco, y por consiguiente me gané el privilegio de invitar a todos los comensales, como indica la costumbre. Admito que yo recé e intencionalmente busqué el muñeco para poder darme el gusto de invitar a tan distinguido grupo a mi casa de campo. La mayoría de los invitados reportaban al director de la región andina, entre otras personalidades más que para mí era un honor atender en mi casa.

—¡Los espero a todos en mi casa! —exclamé emocionado apenas encontré fundida en mi paladar la figurita de plástico.

Cuando llegó el tan esperado día, me desperté a las cinco de la mañana, pues teníamos una reunión en el colegio de nuestras hijas. Entonces me fui muy temprano a comprar la comida y la almacené con cuidado en dos refrigeradores que dejé mientras tanto en la casa, para que el calor del carro no arruinara las deliciosas carnes con las cuales quería descrestar a mis invitados.

Así que partimos con mi señora a la reunión del colegio, y nos distrajimos un poco, hablando con un profesor y el otro, y con los padres de los compañeros de curso de nuestras hijas. Tuvimos un momento muy grato, pero cuando tomamos conciencia del tiempo que había transcurrido, descubrimos que íbamos bastante tarde para la fiesta que nosotros mismos habíamos organizado y de la cual éramos anfitriones. Recuerdo con bastante angustia que, cuando íbamos de regreso, llamamos a Aurorita, la señora que generosamente nos ayudaba en la casa, y le pedimos que por favor alistara a las niñas y sacara las hieleras y las maletas que debíamos llevar para la reunión y el fin de semana que pasaríamos en la finca.

Cuando llegamos, acomodamos todo rápido en el carro e iniciamos el viaje hacia Tenjo, que jamás imaginamos resultaría tan dramático y sorpresivo, ni que marcaría mi vida personal y profesional.

Cuando íbamos en la mitad del camino, en medio de una interminable fila de carros que no se movían, recibimos nada más y nada menos que la llamada de la esposa del invitado principal, el jefe mexicano.

—Qué onda —contesté tratando de empatizar con ella.

—¿Cómo estás, Nico? —me dijo amablemente—. ¿Tu casa es una de color como rojo tierra, con tejas españolas antiguas?

De inmediato comprendí lo que estaba sucediendo, y un sudor frío invadió mi cuerpo y apenas me permitió contestar tímidamente:

—Sí, ¿por qué?

—Ah, ya estamos acá —replicó con regocijo, imaginando que estaríamos listos para abrir el portón y recibirlos como se merecían.

En esa época no existían las aplicaciones de navegación como Waze, pero después de más de diez años de ir con frecuencia, sabíamos perfectamente que con el tráfico que teníamos enfrente nos faltaba al menos una hora de camino.

—Uy, qué pena con ustedes. Nos van tener que perdonar, pero nos enredamos en una reunión del colegio de las niñas, y vamos un poco tarde —le dije con el último aliento que me quedaba después de entender la terrible falla que habíamos cometido—. Por favor, espérenos ahí, que nosotros no tardamos mucho.

En efecto, llegamos una hora y media después. Fuimos los últimos. Todos los invitados habían llegado puntuales, como pocas veces sucede en nuestra cultura. Los minutos de zozobra, acaloramiento y descargos que vivimos en nuestro carro no impidieron que yo llegara con la mejor actitud y descaradamente les ofreciera una disculpa por el tiempo que les había hecho perder, el cual prometí compensar con la deliciosa comida que les iba a preparar.

Mientras yo ofrecía las disculpas, mi familia bajó todas las cosas del carro para poder iniciar, ya a las tres de la tarde, a preparar desde cero los manjares que había planeado ofrecer desde hacía varias semanas. Lo más importante era poner en el horno la punta de anca, que a fuego lento entre una salsa soya y panela, debía deshacerse en su jugo tras unas dos horas de cocción. Así que me dirigí a la primera hielera que habíamos llevado. Cuando la abrí, descubrí un escalofriante vacío. La mente ilusa me llevó a pensar que había abierto la hielera equivocada, por eso corrí a abrir la segunda y última opción para encontrar la punta de anca que repararía la pena de haber llegado una hora y media tarde a mi propia reunión. Pero volví a encontrar un vacío profundo con el fondo blanco de la hielera, que era como un agujero negro que había succionado toda la comida que había comprado a primera hora de la mañana.

La mente, que es noble y nunca pierde la esperanza, me llevó a pensar que alguien ya había sacado toda la comida y la había guardado en algún lugar de la casa. Así que corrí al refrigerador de la cocina, donde me encontré de nuevo con la nada. Albergando mi última esperanza, me encerré en la alacena a buscar estante por estante. Cuando acepté que ahí no había nada, no tuve más remedio que elevar la voz y preguntar con algo de angustia:

—¿Alguien sacó la comida de las hieleras?

Hubo un silencio largo y profundo. Entonces nos dimos cuenta de que, por alguna extraña razón, la comida había desaparecido, en algún instante del recorrido entre nuestra casa en Bogotá y la finca.

Después de recuperar y de llenarme de valor para enfrentarme por segunda vez a los invitados, irrumpí en el diálogo de los entusiasmados comensales que ya habían olvidado la aburrida espera y comenzaban a disfrutar del día soleado que ese sábado nos acompañaba.

—Les tengo una noticia un poco dramática —anuncié con un simulado entusiasmo para ocultar el profundo miedo que me producía la serie de equivocaciones que habían comenzado a opacar el esperado día—. No me pregunten cómo sucedió, pero la comida despareció, y no hay nada para comer.

Como yo era reconocido por mi humor, todos irrumpieron con una carcajada, creyendo ilusamente que se trataba de una broma.

—Estoy hablando en serio. No hay nada para comer, porque todo desapareció.

El tono de angustia en mi voz les permitió entender a todos que no se trataba de una broma, y, por el contrario, estaban descubriendo la segunda falla imperdonable del supuesto superanfitrión que tanto había alardeado ser el día que los invité con tanto entusiasmo.

Nos mirábamos atónitos los unos a los otros, tratando de entender la situación tan absurda que estábamos viviendo, cuando sonó mi celular; atendí la llamada de inmediato, porque era la excusa perfecta para refugiarme y además distensionar el ambiente. Era Aurorita, que inundada en llanto me dijo:

—Don Nicolás, yo sé que usted me va a despedir por lo que hice. Como usted trajo la comida del almuerzo tan temprano, yo creí que las carnes se iban a dañar entre esas hieleras, entonces saqué todo y lo puse en el refrigerador. Y como usted me llamó tan afanado a decirme que sacara todo rápido, yo saqué las hieleras, pero se me olvidó volver a meter la comida en ellas. Ay, don Nicolás, por favor no me vaya a despedir.

—Aurorita, cómo se le ocurre que la voy a despedir por esta bobada. A cualquiera le puede pasar —dije honestamente y de acuerdo con mi forma de ser y de pensar—. Usted preocúpese el día que sea desleal o deshonesta con nosotros. De resto, todo lo demás se puede solucionar. Váyase tranquila para su casa, nos vemos el lunes y yo veo cómo soluciono las cosas acá —le dije con el alivio de haber solucionado el misterio.

Colgué y les conté a todos el origen de la desaparición de la comida, con un absurdo descanso mental que me hacía sentir tranquilo por no ser yo el culpable de la trágica desaparición. A estas alturas, ya sabía que el almuerzo que supuestamente iba a catapultar mis relaciones con el alto nivel directivo de la organización lo que había logrado era distanciarme de cualquier posibilidad de crecimiento profesional. Era claro que nadie le iba a dar la oportunidad a una persona a quien un simple almuerzo le quedaba grande.

Desde muy pequeño, mi mamá sembró en mí con su ejemplo una virtud, que es la capacidad de burlarse de uno mismo. Aun con las cosas o en las situaciones más difíciles que puedas imaginarte. Así que, en ese momento, invoqué la enseñanza de mi mamá y decidí ponerle humor a lo que era hasta ese momento el entierro de mi crecimiento profesional en Microsoft.

—Bueno, no queda más remedio que ir a comprar la comida al pueblo —les dije mientras destapaba unas cervezas y se las ofrecía a los defraudados invitados.

Tomé las llaves del carro y me dirigí al estacionamiento, y aunque debía salir cuanto antes, pues ya eran las cuatro de la tarde, no tuve más remedio que decirles:

—Me van a tener que llevar, porque mi carro está atrapado entre los suyos.

El empático jefe mexicano amablemente dijo:

—No manches, güey, nosotros te acompañamos.

Así que nos montamos todos en su carro y, rodeados de escoltas, nos fuimos al pueblo a solucionar el problema, que en ese momento ya era técnicamente de hambre. Llegamos al primer asadero rústico y típico de la sabana de Bogotá que encontramos, ordenamos un variado menú de carnes, papas y arepas. Cuando terminaron de empacarnos todo en unos improvisados recipientes, saqué mi billetera del bolsillo y sin preguntar el precio, le pase mi tarjeta al cajero.

—¿Tarjeta, doctor? Acá ni siquiera entra el celular. En efectivo, en efectivo únicamente.

En ese momento me volvió a recorrer un escalofrío de la misma intensidad de los primeros que ya había experimentado ese fatídico día. El día anterior había llegado de un viaje al extranjero, y no tenía un solo billete local. Así que con la misma pena con que había abordado los trágicos sucesos del día, le dije a los superdirectivos que en ese momento me acompañaban:

—No me lo van a creer, pero me van a tener que prestar plata, porque acá no reciben tarjeta y no tengo ni un solo peso, solo tengo unos pocos dólares.

Esa era la estocada final, la misma que acaba con la existencia de un toro de lidia.

El regreso a la finca fue una tortura. Por veinte minutos corrí la película de mi futuro y vi con claridad que había acabado con cualquier posibilidad laboral, por lo menos con el equipo de liderazgo que manejaba en ese momento la región andina para Microsoft.

Cuando llegamos a la casa, alcance a decirle a mi señora:

—Me van echar, me van a echar por pendejo.

Al final del día, estábamos todos sentados a la mesa, muertos del hambre, enfrente de una comida que estaba lejos de parecerse a las recetas con las cuales tanto había amenazado con descrestarlos. Así que, como celebrando mi propia despedida, porque yo ya me había entregado emocionalmente a esa posibilidad, levanté una copa y dije:

—Salud, salud por un día inolvidable en mi vida.

A lo cual, la cálida y generosa esposa del mexicano respondió:

—Estoy de acuerdo, inolvidable, porque yo sí quiero decirles una cosa. No sé si ustedes están de acuerdo, pero quiero destacar el tremendo control de Nicolás ante las adversidades. No sé cómo hizo, pero ante todas las cosas que le pasaron hoy, no lo vi descontrolarse en ningún momento. Es más, creo que lo supo manejar con un tremendo humor.

Pensé que lo decía para darme ánimo y por norma de cortesía, pero, para mi sorpresa, uno a uno, todos comenzaron a secundarla y, al unísono, destacaron el humor y el buen comportamiento con el que enfrenté lo que para ellos habría sido una situación realmente estresante e inmanejable. Así que, contrario a lo que cualquier persona pensaría, en vez de salir humillado, y arrastrado por el piso como un toro de lidia, terminé saliendo en hombros, como si hubiera cortado dos orejas en mi tremenda faena.

Como todos los demás, ese día creí que había encontrado mi centro, mi esencia, la última capa de mi matrioska, la cual me hacía único y especial. Y esa esencia creía que era mi capacidad de manejar con resiliencia las situaciones más difíciles, incluso con humor. Pero, para mi sorpresa, ese no fue el encuentro real con mi esencia, con mi centro. Solo unos meses después encontraría una respuesta certera.

Un día me llamó mi jefe a su oficina y me anunció con alegría lo que para mí había sido la sorpresa más grande en mi carrera profesional hasta ese momento:

—Por fin va a ser gerente, Nico. Felicitaciones. A partir de la fecha, usted va a tener gente a su cargo y comenzará una nueva etapa por completo diferente de lo que ha vivido hasta el momento.

No recuerdo un momento más emocionante y de mayor sorpresa para mí en mi paso por Microsoft, sobre todo teniendo en cuenta los sucesos de la reunión en la que había sido el anfitrión. Recibí con gran sorpresa y humildad mi ascenso, pero quedé bastante inquieto, porque yo sabía que esa decisión no solo había pasado por mi jefe directo y su jefe, sino por el alto ejecutivo mexicano a quien yo había sabido desilusionar con mis torpezas en la revancha de la rosca de Reyes.

Así que no dudé en buscarlo y, además de agradecerle por la oportunidad, le pregunté directa y abiertamente:

—¿Por qué me estás dando esta oportunidad?

—¿Sabes por qué? Porque ese día en tu finca, donde te pasaron un montón de cosas, yo estaba al lado tuyo cuando contestaste la llamada de tu empleada, aquella que se equivocó al olvidar regresar la comida a las hieleras, y vi la forma en que trataste a esa mujer. La trataste con compasión, con humanidad y con el respeto que se merece alguien que se equivoca, pero cuyo error no la hace mala, ni mucho menos una persona de la cual nos podamos deshacer, olvidando lo que hacen por nosotros en nuestros hogares. Y ese es el trato que yo espero de los líderes de esta organización con su gente, y por eso te quiero dar esta oportunidad, porque ese acto me hace creer que tú tienes un gran potencial.

Ese día, tal y como Jack Frost descubrió que debía recordarnos a todos la importancia de nunca dejar de ser niños para poder disfrutar intensamente las pequeñas cosas de la vida, yo por mi parte inicié ese encuentro con mi esencia, con esa última capa de mi matrioska, que aún sigo descubriendo y trabajando, pero que tiene que ver con la importancia de apreciar y valorar la humanidad de cada persona y respetar sinceramente su individualidad, que la hace digna como ser humano.

La lección profunda que aprendí ese inolvidable día que hoy puedo recordar y relatar con bastante humor es que no importa lo que suceda en tu vida, no importan los errores que cometas y las dificultades que afrontes, la esencia termina emergiendo, termina mostrando la última capa de ti mismo que es la que te hace único, inigualable y especial, y será la última razón por la cual te seleccionen entre todos los demás, para darte la oportunidad que seguramente te permitirá estar más alineado con lo que realmente eres.

¿Qué es lo que
te hace único y
especial, y la razón
por la cual te van
a seleccionar?

Salvando una estrella

El día que me retiré de Microsoft tomé la firme decisión de dedicarme a transformar la vida de las personas y de las organizaciones, para ayudarlas a ser mejores seres humanos, a construir mejores entornos de trabajo, donde las personas puedan realizarse y construir una vida personal y profesional más plena.

Me propuse el objetivo de transformar al menos a una persona por conferencia. A la fecha he dictado más de seiscientas conferencias y sé que he cumplido con mi propósito: estoy seguro de que he cambiado al menos a seiscientas personas y he contribuido a la transformación de varias organizaciones. Ahora que he escrito este, mi primer libro, tengo un nuevo propósito y es transformar a cada persona que lea estas páginas en al menos un aspecto de su vida personal o profesional.

Hay una última historia que quiero compartir, pues me permite explicar el sentido de mis reflexiones en este libro.

Cuenta la historia que una pareja se encontraba en la playa y, a lo lejos, se observaba a un hombre que se agachaba reiteradamente, y recogía una de las decenas de estrellas de mar que se encontraban en la playa. Luego tomaba impulso, y con una tremenda fuerza, la arrojaba de regreso al océano.

El señor, con un tono burlesco, le dijo a su esposa:

—¿Ves lo absurdo que está haciendo aquel hombre? Mientras lanza una estrella de regreso al mar no se da cuenta de que el mar le devuelve veinte o treinta. No tiene ningún sentido lo que está haciendo. Está perdiendo el tiempo.

La mujer, como un tono respetuoso pero directivo, le dijo:

—Pues deja de criticarlo. Más bien ve y le ayudas a caer en cuenta de qué es lo que está haciendo que, según tú, no tiene ningún sentido.

Así que el señor, sintiéndose retado, se dirigió hasta donde el otro hombre y cuando llegó, en un tono bajo y con cierta timidez, le dijo:

—Perdón, señor, pero usted no se ha dado cuenta de que lo que está haciendo no tiene ningún sentido.

—¿Por qué? —preguntó cálidamente.

—Pues simple, porque cada vez que usted arroja una estrella al mar, él le devuelve veinte o treinta. Usted nunca terminará de regresar todas las estrellas al océano.

El hombre se agachó una vez más, volvió a tomar una estrella en sus manos, y esta vez con más fuerza, la arrojó hacia el océano. Cuando ella cayó y se sumergió en el agua, le dijo:

—Pues si soy capaz de salvarle la vida a esa estrella, para ella habrá tenido sentido.

Así que si en estas páginas he inspirado al menos una reflexión importante y trascendental para tu vida, que te haga una mejor persona, un mejor profesional o mejor miembro de nuestra sociedad, entonces este libro habrá tenido sentido.